ISBN 978-0-265-10463-7
PIBN 10935747

English
Français
Deutsche
Italiano
Español
Português

www.forgottenbooks.com

Mythology Photography **Fiction**
Fishing Christianity **Art** Cooking
Essays Buddhism Freemasonry
Medicine **Biology** Music **Ancient**
Egypt Evolution Carpentry Physics
Dance Geology **Mathematics** Fitness
Shakespeare **Folklore** Yoga Marketing
Confidence Immortality Biographies
Poetry **Psychology** Witchcraft
Electronics Chemistry History **Law**
Accounting **Philosophy** Anthropology
Alchemy Drama Quantum Mechanics
Atheism Sexual Health **Ancient History**
Entrepreneurship Languages Sport
Paleontology Needlework Islam
Metaphysics Investment Archaeology
Parenting Statistics Criminology
Motivational

DE LA

PROCÉDURE

PARLEMENTAIRE

ÉTUDE SUR LE MÉCANISME INTÉRIEUR
DU POUVOIR LÉGISLATIF

PAR

EUGÈNE PIERRE

SECRÉTAIRE GÉNÉRAL DE LA PRÉSIDENCE DE LA CHAMBRE DES DÉPUTÉS

In necessariis doctrina,
in dubiis controversia,
in cunctis modus.

PARIS

MAISON QUANTIN

COMPAGNIE GÉNÉRALE D'IMPRESSION ET D'ÉDITION

Imprimerie de la Chambre des Députés

7, RUE SAINT-BENOIT, 7

—

1887

A côté des règles de la procédure il y a son esprit. Les règles, nous avons entrepris, M. Poudra et moi, de les rassembler dans le *Traité de droit parlementaire*. L'esprit de la procédure, je voudrais l'exposer ici ; je voudrais résumer en un petit nombre de pages la méthode générale qui préside à l'interprétation du règlement et à l'application des précédents.

Si modeste que l'œuvre puisse paraître, j'espère qu'elle ne sera pas absolument vaine. Sans doute, on est toujours enclin à se faire illusion sur l'intérêt des choses

1

que l'on aime. Mais ce n'est pas une illusion de penser que les formes suivant lesquelles se votent nos lois sont à peu près inconnues en dehors du Parlement.

Et il n'y a pas lieu d'en être surpris. On ne saurait demander aux citoyens qui s'occupent des grandes affaires de la politique, sans aspirer à un siège dans le Parlement, d'étudier par le menu des problèmes qui sont obscurs et qu'ils n'ont pas l'occasion de mettre en pratique.

On peut seulement leur demander de n'être pas injustes pour les efforts que réclame la solution de ces problèmes, de ne pas dédaigner les heures que les représentants du pays consacrent à assurer au vote des lois une régularité qui protège les majorités comme les minorités contre les surprises et les violences.

On peut leur demander de reconnaître dans les débats qui leur semblent parfois byzantins le respectable souci des libertés sans lesquelles il n'y a plus de tribune ni de régime parlementaire.

C'est pour glisser cette conviction dans la conscience de ceux qui voudront bien me lire que j'ai essayé de montrer quelles graves difficultés de droit retiennent les représentants du pays, lorsque le public les croit livrés à de stériles querelles de ménage.

Je n'ai pas l'outrecuidance de croire que ce petit livre puisse servir aux représentants eux-mêmes. Il est un écho imparfait des leçons que m'ont données la sagesse des Présidents et l'expérience des Assemblées. Que pourrait-il rendre à ceux dont il a tout reçu?

Août 1887.

§ 1er. — *De la nécessité d'une procédure parlementaire.*

En théorie, on n'a jamais contesté la nécessité d'établir et de conserver une bonne procédure pour assurer la régularité des délibérations parlementaires, pour faire accorder aux votes qui les terminent la confiance et le respect du pays. En fait, il est rare qu'une Assemblée détourne un peu de son temps pour éclaircir une question de procédure sans qu'on l'accuse aussitôt de s'attarder à d'inutiles formalités. Il s'élève

1.

contre l'abus du byzantinisme un concert de
réclamations à peu près unanime. On n'est
pas éloigné, en pareil cas, de reprendre le
grand procès toujours pendant contre le
régime parlementaire. Et cela, parce qu'a-
vant de délibérer ou de voter, une Assemblée
a voulu se prouver à elle-même, prouver au
pays qu'elle allait délibérer et voter régulièrement, sans faire grief à aucun droit, à aucune opinion.

Évidemment c'est là, dans le public, une
habitude injuste qui ne peut s'expliquer
que par les circonstances au milieu desquelles éclatent les difficultés de procédure.
Ce n'est guère dans les heures de calme, au
cours des délibérations ordinaires que l'interprétation du règlement est contestée ; c'est
lorsque les passions sont allumées au dehors
et au dedans de l'enceinte législative, lorsque la Chambre est à la veille de rendre un
vote d'une importance capitale pour le pays.
Alors le public, anxieux du résultat, n'admet
point qu'on s'arrête à des discussions préli-

minaires qui entravent le vote final et qui,
de loin, lui semblent autant de ruses destinées
à tromper les consciences.

Quoique cela ait lieu de surprendre, il se
produit au sein même des Assemblées un
état d'esprit analogue. Beaucoup de membres,
absorbés par la grandeur des intérêts qui
vont se débattre, refusent de s'attarder aux
obstacles qui empêchent la véritable lutte de
s'ouvrir. Ceux qui prévoient que la difficulté
de procédure soulevée va se résoudre contre
eux redoutent que ce premier échec ne soit
d'un mauvais présage pour la bataille définitive ; ils s'irritent d'être obligés de se
compter à propos d'une escarmouche sans
importance apparente. Tout en se défendant
de leur mieux, ils ne négligent pas de dire
qu'il est puéril de s'amuser à de vaines
subtilités.

Quand tout est fini, quand la Chambre a
pris sa décision sur le fond comme sur le
point de droit, le parti dont l'opinion n'a
pas triomphé se met très volontiers d'accord

avec le public pour médire des chicanes de procédure. C'est un moyen d'atténuer la défaite et parfois de préparer la revanche. Une opinion qui n'aurait succombé que parce que la procédure se serait retournée contre elle aurait en effet des chances pour se relever promptement.

C'est pourquoi ceux-là même qui ont obtenu la majorité se montrent d'assez mauvaise humeur s'ils ont dû vider une question de forme avant d'enlever la bataille. Ils craignent que la valeur de leur victoire n'en soit diminuée, et il ne serait pas toujours habile de s'adresser à eux pour faire constater les services rendus par la procédure.

Pourtant, ces services qu'on n'avone guère, on les recherche souvent, trop souvent peut-être à certaines heures. Il n'arrive pas devant les Chambres une affaire un peu sérieuse sans qu'aussitôt chaque parti se prenne à vérifier d'une façon minutieuse si toutes les formalités prescrites ont été observées. La moindre irrégularité qui se découvre amène un gros incident à la tribune ; l'ombre même d'une irrégularité suffit. Toutes les Assemblées du monde, celles qui sont peu nombreuses comme celles qui comptent beaucoup de membres, celles qui ont de solides majorités comme celles dont les majorités sont précaires, celles qui sont souveraines comme celles dont les pouvoirs sont limités, toutes sans exception consacrent de très longues heures à discuter et à interpréter leur règlement. Si bien que la nécessité de la procédure parlementaire n'aurait pas besoin d'être démontrée par des arguments. Elle résulte de la force des choses.

Mais les arguments ne manquent point pour la justifier. Quand on y réfléchit, on comprend que la gravité, le calme nécessaires aux délibérations d'une Assemblée gagnent beaucoup à l'existence de règles précises, lors même qu'il serait sage — et cela est sage assurément — de ne pas invoquer ces règles avec trop de rigueur, à tout bout de champ. Il en est des collectivités comme des

individus. L'homme qui sait se donner
d'avance des règles morales pour les différentes circonstances de la vie, même pour
celles qu'il ne sera peut-être jamais appelé à
rencontrer, cet homme-là marche devant soi
avec plus de rectitude et de sécurité. Il n'est
point troublé par les hasards du chemin. Il
en est ainsi pour les Assemblées qui échappent à certaines tentations de désordre par
cela seul qu'elles les ont prévues et qu'elles
se sont tracé une ligne de conduite.

La première tentation de désordre qu'écarte
la procédure est aussi l'un des plus grands
périls auxquels une Assemblée puisse se
heurter : c'est l'obstruction. Dans les
Chambres, lorsqu'un parti a constaté qu'il
n'est pas assez nombreux pour faire accepter
son programme, il résiste difficilement au
désir de reculer l'heure où des votes qu'il ne
saurait plus éviter deviendront définitifs et
se transformeront en lois de l'État. Le règlement ne rend pas cette manœuvre absolu-

ment impossible. Il n'est même pas exagéré de dire que, malgré le règlement, certains votes seraient sans cesse renvoyés de session en session si leurs adversaires recouraient à l'obstruction persévérante. Mais l'obstruction persévérante est chose extrêmement rare, par cette raison que le règlement fournit des armes pour s'en défendre et que l'emploi de ces armes permet de constater publiquement la manœuvre. Or on consentirait plus volontiers à faire de l'obstruction qu'à l'avouer ; on songe au jugement du pays qui nomme des représentants pour que chacun d'eux concoure à la confection des lois suivant la nature de son mandat, non point pour que les mandats contraires se neutralisent et que la confection des lois soit rendue impossible.

Le danger de l'obstruction étant à peu près écarté, il faut songer à la liberté et à la sincérité des votes. Cette double condition sans laquelle les lois tomberaient dans le discrédit public exige, pour être sérieusement réalisée, le secours de la jurisprudence. Non pas que la solution donnée à une difficulté de procédure doive fatalement influencer le vote ultérieur, le vote sur le fond. Il est bien rare au contraire que le parti dont l'opinion a succombé tour à tour dans le débat préjudiciel et dans le débat sur le fond puisse découvrir à l'examen des scrutins publics la preuve matérielle qu'il aurait remporté la victoire finale s'il n'avait pas été préalablement obligé d'user ses forces dans une affaire de pure forme. La procédure répond à la nécessité d'assurer la liberté et la sincérité des votes, parce que les votes ne sont ni libres ni sincères lorsque les questions n'ont pas été nettement posées après avoir été logiquement classées.

Et, comme nous le verrons plus loin, c'est le règlement, avec tout son cortège de précédents, qui fournit le moyen de poser les questions de telle sorte que chaque membre sache bien ce qu'il va voter; c'est encore lui qui permet de donner à chaque question sa vraie place. L'embarras ne serait jamais fort long si les Assemblées ne rencontraient devant elles que deux questions à la fois. Mais cette simplicité des problèmes engagés n'est pas commune, surtout dans les pays où le régime parlementaire est largement développé. Le plus souvent, à l'heure du vote, il y a six, huit, dix opinions en conflit et représentées chacune par des textes différents. Il faut sérier ces textes dans un ordre qui ne fasse de tort à aucun, qui n'en exclue aucun, et qui assure à chaque membre l'entière indépendance de son jugement.

Même dans les cas où les différentes opinions se sont groupées en deux textes, la procédure est obligée d'intervenir pour dégager ce qui est complexe, pour empêcher que certains membres ne soient réduits à voter en même temps ce qu'ils approuvent et ce qu'ils repoussent.

Enfin, lorsque ces opérations si multiples

et si délicates ont été conduites à leur terme, il faut que le sens du vote qui va être rendu soit nettement défini afin que ni au dehors ni au dedans de l'Assemblée on ne puisse contester les conséquences de la décision prise. Cet important résultat ne dépend point du hasard ni de formules vagues, chaque jour modifiables; il ne s'obtient que par l'observation de règles constantes et précises.

Ainsi, point de travail utile, c'est-à-dire qui aboutisse, sans le secours de la procédure ; point de votes non plus, car des votes dont la liberté n'aurait pas été garantie, dont le sens n'aurait pas été défini d'avance n'auraient aucune valeur. Il est inutile d'ajouter : point de débat, et si nous n'avons pas placé la direction du débat au nombre des arguments qui justifient la nécessité d'une procédure parlementaire, c'est qu'il ne peut venir à la pensée de personne que le droit à la parole soit exercé d'une façon arbitraire.

Il serait tout aussi superflu de rappeler que l'ordre doit être maintenu dans une Assemblée, si l'on ne rencontrait là précisément, grâce à la loi des contrastes, une preuve très décisive en faveur des services que rendent les règles bien connues dans leur texte et dans leur application. Le chapitre de la discipline est le seul dans le règlement qui ne puisse guère être éclairé par la tradition. S'il est précis dans la nomenclature des pénalités que motivent les infractions à l'ordre, il ne l'est pas, il ne peut l'être dès qu'il s'agit de définir ces infractions. Les causes qui troublent l'ordre varient en effet avec chaque Assemblée, avec l'état des esprits au dedans et au dehors du Parlement. Telle parole qui est délictueuse à une époque parce qu'elle provoque du tumulte et blesse les convictions d'une partie de la Chambre, devient indifférente à une autre époque; elle est passée dans le domaine de l'histoire. Il s'agit ici en effet d'infractions d'un caractère spécial, purement intérieur.

contre lesquelles une Assemblée ne se pré-
munit que pour mettre ses délibérations à
l'abri des éclats de la passion politique.

Aussi, de tous les devoirs qui incombent
au Président d'une Assemblée, il n'en est pas
de plus difficile que celui qui consiste à appliquer le chapitre de la discipline. Pour cela,
il ne suffit point de connaître la manière
dont le fauteuil a été occupé aux différentes
époques de notre histoire parlementaire ; il
faut encore jeter un coup d'œil sûr à travers
les gradins de l'Assemblée, en ramener des
notions exactes sur la situation psychologi-
que des divers partis et doser ensuite la somme
de sévérités ou de tolérances qui maintient
l'ordre si elle est à la juste mesure du jour,
qui peut le déranger si elle dépasse cette mesure. Les Chambres sentent bien les obstacles
que leurs Présidents rencontrent lorsqu'il
s'agit de faire mouvoir, en dehors de toute
tradition, des textes qui sont pour ainsi dire
nouveaux à chaque législature, parfois à
chaque session, et même d'une séance à l'au-

tre ; elles leur gardent généralement plus de reconnaissance pour la sagesse dont ils ont fait preuve en adaptant à leurs besoins quotidiens le chapitre de la discipline que pour la vigilance qu'ils ont apportée à maintenir dans les différentes phases de leurs travaux les formes consacrées par l'usage.

Il est donc permis de conclure que certains clichés ne sont pas exacts, que les Assemblées ne se livrent pas à des « chinoiseries », qu'elles ne gaspillent pas « un temps précieux », lorsque, saisies par un de leurs membres d'une question de procédure, elles refusent de passer outre avant de l'avoir longuement et sérieusement examinée. Elles atteignent par là un double but : pour elles-mêmes, elles se confirment dans le respect des règles protectrices du droit des majorités et de celui des minorités ; pour les Assemblées futures, elles augmentent l'héritage juridique au moyen duquel les difficultés intérieures peuvent être écartées avec moins de temps et de passion.

Nous arrivons ainsi à l'examen des sources d'où peut sortir la procédure parlementaire.

§ 2. — *Des sources de la procédure parlementaire.*

Tous les pays, sauf deux qui ont une commune origine, se servent à la fois du **règlement** et de la tradition. Seules les Assemblées de la Grande-Bretagne et des États-Unis se contentent de la tradition et de quelques règles spéciales édictées pour la durée d'une session. Il y a peu d'intérêt pour nous à rechercher les inconvénients d'une procédure qui ne s'appuie que sur les usages, sans avoir, comme noyau à ces usages, comme point de repère fixe, un règlement écrit.

En France, nous ne courons pas le risque de verser dans l'exagération inaugurée par nos voisins d'outre-Manche et continuée au delà de l'Atlantique. Des deux sources de la procédure parlementaire, c'est le règlement qui, pour nous, est le mieux hors de conteste. Le premier soin de toute Assemblée française est de s'en donner un ; si le temps lui manque pour le délibérer, elle en adopte un tout fait, et, chaque fois qu'il y a dans le règlement un texte formel, indiscutable, les divers partis s'inclinent sans réclamer.

Mais la manière dont les affaires se présentent est si variable que, dans un grand nombre de cas, le texte du règlement ne parait pas formel. Ainsi naît la nécessité de l'interpréter, soit en recourant aux lumières de l'autorité présidentielle, soit en provoquant une décision souveraine de la Chambre. Les interprétations qui ont en lieu de la sorte constituent la tradition, les précédents. Tandis que chez la race anglo-saxonne, des précédents, créés pour les besoins de chaque jour, sans texte antérieur, forment à eux seuls tout le règlement, chez nous les précédents, nés de l'interprétation des textes, ne sont admis qu'à l'état d'appendices du règlement. Leur valeur donne lieu à de nombreuses contestations, et cela se conçoit.

Le propre de l'esprit français est la clarté; ce qu'il poursuit de préférence, c'est la logique pure. Or il n'apparait pas toujours d'une façon claire, irréfutable, que le précédent invoqué s'applique à l'espèce qui constitue le litige. On n'aperçoit pas toujours aisément le lien logique qui unit la procédure adoptée en certaines circonstances et la procédure proposée pour une circonstance nouvelle. D'une part, il y a presque fatalement de légères différences de fait entre les espèces rapprochées et mises en parallèle. D'autre part, les interprétations auxquelles donne lieu le règlement ont rarement un caractère général. Elles ne peuvent l'avoir lorsqu'elles émanent de l'autorité présidentielle. Le Président tranche la difficulté qui surgit; il évite de prononcer des paroles qui s'étendraient aux difficultés à venir. Les Chambres également n'aiment guère à se prononcer dans des termes qui auraient le caractère de résolutions véritables, juxtaposées aux articles du règlement.

Enfin, il faut bien le dire, les précédents sont parfois inspirés de l'esprit du moment. Ils ne contiennent pas toujours toute la vérité; nous verrons plus loin comment on arrive à dégager la portion de vérité qu'ils renferment. Il suffit, quant à présent, de constater que les précédents ne peuvent être appliqués à l'état brut, pour comprendre que leur autorité, leur valeur soient fréquemment soumises à un contrôle et à une discussion lorsqu'ils sont invoqués dans les Assemblées.

Malgré cet inconvénient, une Chambre ne saurait prendre le règlement pour base unique de sa procédure. Elle perdrait ainsi tout le bénéfice des expériences antérieures. Elle se condamnerait à recommencer indéfiniment les discussions préjudicielles. Elle discréditerait fort vite l'autorité du règlement qui deviendrait l'objet d'interprétations contradictoires du moment où l'on se refuserait

à tenir compte des interprétations déjà faites.
Il y aurait même des cas où certains articles
seraient inintelligibles ; le règlement n'étant
en somme que le résultat de la pratique, il
faut bien, pour le comprendre, pour l'appliquer, recourir aux circonstances qui l'ont
inspiré[1].

1. Quand on étudie l'histoire intérieure de nos Assemblées depuis 1780 jusqu'à ce jour, on constate qu'il n'y
a pas un article du règlement actuel qui ne soit la conséquence directe de difficultés avec lesquelles une
Chambre quelconque s'est trouvée aux prises dans une
heure donnée. Il serait fastidieux de citer beaucoup
d'exemples à l'appui de ce phénomène très naturel, tout
à fait conforme aux principes de la sociologie. Il suffira
de rappeler que les lignes générales du règlement actuel ont été tracées pour la première fois dans le règlement par lequel l'Assemblée de 1789 avait codifié les résolutions diverses, votées pour ses besoins quotidiens
du 5 mai au 29 juillet. En dehors des modifications
imposées par chaque changement constitutionnel, les
Assemblées qui se sont succédé depuis un siècle se sont
contentées d'inscrire dans le texte de 1789 les leçons
tirées des difficultés de procédure dont leurs devancières
avaient souffert. Ainsi ont fait les deux Chambres élues
après l'établissement de la Constitution de 1875, et, si
l'on reprenait chacune des grandes contestations qui
ont gêné les travaux de l'Assemblée de 1871, on verrait

Les sources de la procédure peuvent donc se définir de la manière suivante : le règlement d'abord, et, dans tous les cas non douteux, son application par le Président. Dans les cas contestés où la lecture impartiale du texte fournit des lumières suffisantes, son application encore, mais avec des commentaires émanés du Président. Enfin dans les cas où la conscience du Président hésite comme celle de la Chambre, un débat préjudiciei suivi d'un vote.

Nous examinerons tour à tour comment le règlement s'établit et se modifie, comment les précédents se forment et s'appliquent.

§ 3. — *Du règlement.*

Ainsi que nous l'avons constaté, le premier soin d'une Assemblée qui vient d'être

qu'elles ont inspiré tout ce qu'il y a de nouveau dans les règlements élaborés en 1876.

élue est de se donner un règlement. Si elle succède à une crise politique, comme en 1871, si elle fonctionne en vertu d'une constitution nouvelle, comme en 1876, si elle n'est qu'une Assemblée temporaire comme le Congrès de 1879, elle adopte en bloc, à titre provisoire, le règlement d'une Assemblée antérieure.

Lorsque les circonstances sont graves et ne lui laissent pas le loisir de discuter des questions de procédure, elle garde indéfiniment son règlement provisoire, sauf à en modifier, par des résolutions spéciales, les parties qui ne lui paraissent plus applicables. Ainsi a fait l'Assemblée élue après la guerre.

Lorsque les Chambres sentent le temps devant elles et qu'elles inaugurent une Constitution, comme celles de 1876, elles ne se contentent pas d'un règlement provisoire. Elles se hâtent de vérifier leurs pouvoirs pour se constituer et discuter article par article les dispositions qui régiront leurs travaux. Ce règlement appelé à devenir la loi suprême de la Chambre, auquel tous les partis devront se soumettre, dont l'application peut avoir du retentissement hors de l'enceinte parlementaire et même exercer une influence sur la marche des affaires publiques, il convient de le soumettre à toutes les garanties d'examen réclamées pour le vote des actes législatifs. Le travail préalable d'une commission, la formalité salutaire de plusieurs délibérations sont indispensables. Voter un règlement d'urgence serait dangereux ; non pas qu'il fût impossible ensuite de remédier aux erreurs qui pourraient être la conséquence d'une discussion trop précipitée. Il serait facile à coup sûr d'y remédier avec la même rapidité, puisque le règlement d'une Chambre n'est pas soumis à la sanction de l'autre Chambre.

Mais, pour qu'une Assemblée ait de bonnes délibérations, il ne suffit pas qu'elle se soit donné un règlement, il faut aussi que ce règlement soit bien connu de ses membres, et, connaître un règlement, ce n'est pas uniquement en avoir lu les articles, les avoir même

classés dans sa mémoire, c'est aussi en pos-
séder la pratique, c'est apercevoir d'un coup
d'œil comment toutes ses parties s'emboîtent,
quels rapports existent entre toutes ses prescriptions. Lorsque le règlement n'est pas
devenu une habitude, lorsqu'il n'a pas coulé
pour ainsi dire dans les mœurs de l'Assemblée, le travail législatif est fréquemment
entravé, parce qu'à toute minute il se rencontre des membres qui croient incorrectes
les formes suivies et dont les réclamations
provoquent un débat préjudiciel. Le temps
seul épargne ces embarras en faisant du règlement une chose usuelle, facile à manier,
et, pour que l'œuvre du temps s'accomplisse,
il importe que le règlement ne soit pas trop
souvent modifié.

Un règlement imparfait, mais bien connu
d'une Assemblée vaut mieux qu'un règlement sans cesse corrigé, dont les membres
ne peuvent se servir qu'à la condition d'en
étudier et d'en comparer les textes. D'abord,
un pareil travail n'est pas toujours com-

mode. Les difficultés de procédure surgissent à l'improviste. Elles sont débattues
et tranchées avec une rapidité qui ne permet guère de se livrer à des méditations
juridiques. Puis, il ne faut pas l'oublier, le
but du règlement n'est pas de présenter une
belle ordonnance à ceux qu'intéressent les
théories de procédure ; son but est d'assurer
à toutes les opinions, à tous les votes, la
liberté la plus complète. Les opinions et les
votes qui pourraient avoir à craindre une
violence sont bien mieux protégés par un
règlement qu'on applique tous les jours que
par des dispositions nouvelles dont le sens
n'est pas encore défini. Avec les vieux règlements, chaque membre sait dans quel coin
trouver une arme dès qu'il croit avoir besoin
de défendre ses droits.

Cependant, lorsqu'une Assemblée a constaté, par des expériences répétées, que certaines dispositions de son règlement sont
incomplètes ou mal rédigées, elle ne doit pas
hésiter à les rectifier. Il convient alors de

soumettre les modifications proposées aux mêmes garanties d'examen que le règlement primitif. La réflexion seule permet d'affirmer que le remède ne sera pas pire que le mal, et que, pour éviter certaines chicanes de procédure, on n'en provoquera pas inconsciemment de nouvelles d'autant plus difficiles à terminer que, contre celles-ci, il n'y aura plus rien à demander aux précédents. En pareil cas, il est prudent de se souvenir que le règlement joue un rôle qu'il a joué dans tous les temps, qu'il jouera éternellement, le rôle d'un arsenal où chaque parti vient puiser tour à tour des moyens de combat. Il n'y a point, à cet égard, de privilège pour les majorités ou les minorités, pas plus que pour les groupes dissidents. Tel qui se plaint aujourd'hui de voir invoquer le règlement hors de propos, de le voir servir indirectement aux tactiques de la bataille parlementaire, sera demain le premier à rechercher ce qu'il peut contenir de gênant pour ses adversaires. C'est ce qui inspire aux Assemblées beaucoup d'hésitation chaque fois qu'elles sont sollicitées de modifier un article du règlement et que les vices de cet article ne sont pas devenus flagrants. Sauf dans le cas où des raisons d'ordre supérieur, des raisons d'État justifient l'urgence d'un vote immédiat, elles ne se prononcent sur les rectifications du règlement qu'après avoir examiné toutes les conséquences des textes nouveaux par lesquels on leur demande de se lier.

Les considérations qui précèdent expliquent l'usage suivi par les Législatures qui se succèdent avec une même origine constitutionnelle, l'usage de conserver par une sorte de tacite reconduction le règlement adopté dès le début. Cela paraît tellement naturel et nécessaire que les Chambres nouvellement élues ne sont pas consultées d'office sur ce point. Si personne ne soulève la question, elles sont censées vouloir appliquer à la marche de leurs délibérations le règlement dont la Chambre précédente

3.

s'était servie. Il n'y a rien d'excessif à présumer ainsi leur volonté. Puisque, de toute manière, elles seraient obligées, en se réunissant, d'adopter un règlement provisoire, n'est-il pas plus simple de considérer comme maintenu celui qui existe et qui, au fond, demeure toujours provisoire, l'Assemblée restant toujours souveraine pour le modifier ou le remplacer?

§ 4. — *Des précédents.*

Tout ce qui se passe dans une Assemblée et touche à la procédure ne constitue pas un précédent au sens strict du mot. Nous aurons à indiquer comment, dans la vie ordinaire et lorsqu'il y a entre les membres un accord absolu, certaines formalités sont négligées ou abrégées. Les Présidents agissent de la sorte dans l'intérêt d'une prompte expédition des affaires et avec le consentement tacite de l'Assemblée. Lorsque la pro-

cédure qu'il s'agit de simplifier est impor-
tante en soi ou qu'un peu d'hésitation se
manifeste chez divers membres, les Présidents sauvegardent l'avenir avec cette déclaration : « sans constituer un précédent ».

Ce qui constitue un précédent, c'est la décision que le Président rend *ex cathedra* lorsqu'il entend contester l'application d'un texte
réglementaire et que, dans sa conscience,
aucun doute ne s'élève; c'est également la
résolution prise par la Chambre lorsqu'un
cas a paru douteux et lui a été soumis.

Les Présidents évitent le plus possible de
créer des précédents et ils ont raison. S'il est
utile d'avoir des points de repère pour l'interprétation du règlement, il importe de ne
pas grossir sans nécessité les ressources de
la tradition, car alors le règlement serait
noyé dans les usages, et, comme les précédents ne sont jamais identiques parce que
les espèces elles-mêmes varient, comme les
situations politiques font parfois dévier un
peu le sens des textes, on aboutirait à cet

étrange résultat, que ce qui doit servir à éviter les embarras et les obscurités servirait aussi à les créer.

Mais il ne dépend pas du Président d'empêcher ses collègues de contester l'application qu'il fait du règlement. Au moindre doute, même murmuré par un petit nombre de membres, il est obligé de s'expliquer. Si les réclamations lui paraissent avoir un fondement sérieux, il consulte la Chambre. Comme la mise aux voix dépend de lui seul, à moins qu'un membre n'ait formulé une question nettement et par écrit, il se borne à faire vider le litige engagé, et alors, du vote de la Chambre, résulte un précédent pur et simple qui pourra être invoqué lorsqu'une difficulté analogue surgira, à l'esprit duquel il sera toujours bon de se référer, mais qui ne liera d'une façon absolue ni l'Assemblée ni le Président.

Si, au contraire, un membre a déposé par écrit une formule de question, le Président est obligé de la mettre aux voix dans les

termes où elle a été rédigée, et de son adoption comme de son rejet résulte un précédent
qui lie la Chambre jusqu'à la fin de la législature, qui devient pour le Président aussi
impératif qu'un article du règlement. L'em-
pire des résolutions prises de cette manière
s'étend même au delà des Chambres qui les
ont créées. Les Législatures qui suivent et
dont elles ne représentent plus l'esprit ni la
manière de procéder ont plus de peine à
s'en dégager que lorsqu'il s'agit de précédents ordinaires. Si ces résolutions viennent
à être invoquées, on a généralement recours,
pour les abroger, aux formes d'après lesquelles elles avaient été adoptées. Au contraire, en face d'un précédent pur et simple,
les Assemblées se bornent à passer outre,
lorsqu'elles estiment qu'il n'est pas applicable à l'espèce ou qu'il n'est plus conforme
à leur méthode de travail.

L'une des parties les plus délicates de la
procédure est la manière d'invoquer les pré-

cédents. En général, c'est le Président qui les
invoque; mais il ne le fait qu'avec une grande
sobriété, pour éviter de soulever des contestations et d'entraver la marche du débat. S'il
s'agit d'un de ces faits dont nous parlions en
commençant, qui n'ont point en réalité le
caractère de précédents, il se borne à rappeler, sans insister, qu'en telle circonstance
on a déjà procédé de telle manière. S'il s'agit
d'un précédent créé à la suite d'un débat contradictoire, faisant autorité par la sanction
que la Chambre lui a donnée, il met plus d'é-
nergie à maintenir l'Assemblée sur le terrain
d'une procédure uniforme; mais, là encore, il
n'a recours à l'autorité des précédents que s'il
lui apparaît que ce soit un moyen sûr d'abréger des discussions préjudicielles. En effet, de
ce que le précédent a été contesté avant d'être
créé, il y a parfois des raisons de craindre
qu'il ne le soit aussi avant d'être confirmé
par une application nouvelle; on n'a point la
certitude, en le jetant dans le débat, de ne
pas donner un aliment de plus à des récla-

mations qu'il importe d'éteindre au plus vite. Il est aisé de comprendre qu'il ne puisse y avoir de principes généraux en pareille matière et que la question de savoir s'il convient ou non d'invoquer un précédent soit remise, pour chaque cas particulier, à la sagesse, à l'expérience des Présidents.

La situation est tout autre lorsque les Présidents sont avertis que le précédent dont il est possible de faire usage va être invoqué par un membre. Ils estiment généralement alors qu'ils doivent l'indiquer les premiers afin de pouvoir l'entourer de commentaires qui en fixent la valeur. Ils sont, pour cela, mieux placés que leurs collègues, d'abord parce que, du haut du fauteuil, ils embrassent les situations réglementaires dans leur ensemble et sans parti pris, ensuite parce que l'exercice de leur magistrature leur donne la prévision des principales difficultés de procédure dont la Chambre est menacée; ils peuvent donc, avant toute contestation, non seulement examiner la conclusion du précédent qui va être mis en cause, mais encore relire les débats qui l'ont produit.

Un travail préalable est en effet nécessaire pour tirer de chaque précédent la vérité ou la portion de vérité qu'il contient. C'est pourquoi lorsque, dans le feu du débat, un précédent est lancé de mémoire par quelque membre, le Président est obligé souvent de répondre : *non est hic locus.*

Ce n'est pas à dire que, pour qu'un précédent puisse être appliqué, il faille retrouver une espèce absolument identique. En ce cas, il n'y aurait peut-être pas cent précédents applicables sur les trois ou quatre mille qui servent à éclairer le règlement.

Pour tirer d'un précédent tout ce qu'il peut donner, il faut l'envisager simultanément sous deux aspects différents, d'abord en mêlant, puis en séparant les circonstances de fait et celles de droit. On arrive ainsi à saisir dans quel intérêt, pour quel but, une

Assemblée a procédé tel jour de telle manière. Si, après avoir refait la même opération pour le cas présent, on constate qu'un intérêt analogue est engagé, qu'un but semblable est poursuivi, on peut invoquer le précédent avec la sécurité d'être utile.

Ce travail paraît compliqué; il ne l'est pas pour les Présidents qui connaissent, dès le matin, par l'examen des affaires inscrites au rôle, par la lecture des journaux, la plupart des difficultés de la séance, dont les lumières, en cas de difficultés imprévues, sont avivées au fauteuil par l'impartialité.

Ce travail est plus difficile pour les membres militants qui sont presque toujours surpris par les contestations réglementaires, qui ont la tentation naturelle d'envisager les précédents à la manière d'un corps de troupes cherchant la meilleure position de combat. Néanmoins, ce qui exigerait une longue dialectique dans le calme du cabinet se fait encore assez vite en séance; les opinions diverses se rectifient l'une par l'autre, et le

choc des contradictions fait sortir la vérité
moyenne que renferme le précédent invoqué.

Car, en cela, comme dans toutes les choses
humaines, il n'y a rien d'absolu. Rarement
un précédent s'impose aux travaux d'une
Chambre dans son entier, sans réserve ni
modification. Ce qu'une Chambre cherche
dans l'examen des précédents, c'est le moyen
le plus pratique de procéder sans faire tort
à personne. Un précédent qui serait trop
rigoureux, qui blesserait le droit d'un membre, ne serait pas un bon précédent. Il aurait besoin d'être adouci ou rectifié pour
recevoir son application.

C'est à quoi s'attachent les Présidents, et
par là ils obéissent à l'esprit qui doit dominer
dans les questions de procédure, à cet esprit
de modération qui n'exclut point la justice
ni la régularité, qui les soutient au contraire
et les met à l'abri des ardeurs de la politique.
Nous allons tâcher de suivre l'influence de
cet esprit à travers les principales opérations
des Assemblées.

§ 5. — *De la procédure appliquée aux vérifications de pouvoirs.*

Les tempéraments qui peuvent être apportés à l'application des textes réglementaires ne sont nulle part moins nombreux qu'en matière de vérification de pouvoirs ; mais, nulle part aussi, ils ne sont plus propres à faire saisir l'esprit de la procédure.

Appelée à vérifier les pouvoirs de ses membres, la Chambre devient un tribunal, et, comme elle les vérifie en vertu d'un pouvoir souverain [1], comme elle ne motive pas ses arrêts, comme elle prononce sans appel, elle est obligée de s'astreindre avec une grande rigueur aux formes tracées par son règlement. Cette rigueur ne peut fléchir que lorsqu'il s'agit d'assurer la liberté de la défense.

---

1. « Chacune des Chambres est juge de l'éligibilité de ses membres et de la régularité de leur élection. » (*Loi const. du 16 juillet 1875, art. 10.*)

Aussi, bien que les bureaux soient tenus par le règlement de procéder « sans délai » à l'examen des procès-verbaux d'élection, il est d'usage constant d'accorder de très longs délais aux membres dont l'élection est attaquée et qui demandent le temps de préparer des contre-protestations.

Les plaintes des électeurs qui estiment que, soit pour eux, soit autour d'eux, la liberté des votes n'a pas été entière, font partie du droit de la défense, car la Chambre est instituée là gardienne du suffrage universel par le privilège dont elle est investie de prononcer souverainement sur la validité des pouvoirs de ses membres. En conséquence, il suffit d'une lettre, d'une dépêche annonçant des protestations pour que le bureau s'abstienne d'arrêter ses conclusions. Généralement même il se met en garde contre toute opinion préconçue, en évitant les débats préparatoires et incomplets; afin d'embrasser d'ensemble toutes les pièces du procès, il suspend son examen jusqu'à la production des documents annoncés. Mais, s'il lui apparaît que, sous couleur de préparer des protestations ou des contre-protestations, on veut simplement retarder le verdict de la Chambre, il passe outre, et alors le refus d'attendre les pièces promises devient, devant l'Assemblée, un moyen de défense ou d'attaque pour celle des parties qui devait les produire.

Dans ce cas, du reste, les membres qui veulent invoquer des pièces non encore arrivées ont la ressource facile des demandes d'ajournement. Bien qu'en principe les élections non vérifiées soient constamment à l'ordre du jour, bien que le vœu du règlement soit de voir les Chambres prononcer le plus rapidement possible sur les opérations électorales, les ajournements sont nombreux en matière de vérifications de pouvoirs. Le règlement, d'abord, en fait une obligation toutes les fois que l'annulation est prononcée par le bureau [1]. La procédure va plus loin

1. « Si le bureau conclut à l'invalidation, la discussion

4.

que le règlement. Il suffit qu'une élection doive être contestée pour que la remise du débat soit accordée, si la demande en est faite par l'élu. La Chambre est même dans l'usage d'accorder la remise à la date indiquée. Elle ne la refuse que si cette remise était demandée à une date trop lointaine pour sembler sérieuse.

La remise est également accordée au membre qui la demande pour combattre une élection dont le bureau propose la validation. En cela, les Chambres sont guidées par le principe que rien de ce qui peut aider à la lumière, sans engager le résultat final, ne doit être repoussé. Mais, à l'égard du délai, elles sont bien moins larges dans ce dernier cas que dans le précédent. Le désir exprimé par un membre ne suffit pas pour tenir en suspens une élection que le bureau a jugée valide. Il faut alors de bien fortes raisons, exposées à la tribune par le

ne peut avoir lieu le jour même de 'la lecture du rapport à la tribune. » (*Règl. de la Ch.*, art. 5, § 2.)

membre qui veut combattre les conclusions du bureau, pour que le délai imparti dépasse deux ou trois jours.

Préoccupées d'assurer la liberté de la défense, les Chambres usent rarement, en matière de vérification de pouvoirs, des moyens que le règlement leur fournit pour abréger les débats et aboutir quand elles le veulent. La clôture, par exemple, n'est presque jamais prononcée contre le membre dont l'élection est attaquée, même si ce membre a déjà plusieurs fois présenté sa défense. La continuation du débat au lendemain n'est pas refusée non plus au membre qui est en cause et qui se déclare trop fatigué pour pouvoir prendre la parole immédiatement. Toutefois, si la Chambre constate que la demande de renvoi au lendemain n'a d'autre but que d'arrêter son jugement, elle refuse le renvoi, mais sans prononcer la clôture, et alors elle se condamne elle-même comme elle condamne le membre mis en cause à une séance indéfiniment prolongée.

Lorsque les débats sont épuisés et qu'il faut arriver au vote, c'est toujours le double souci d'assurer, avec une défense complète, une lumière sérieuse, qui inspire la procédure. Le règlement d'ailleurs a ici des textes impératifs qui dispensent de recourir aux enseignements de la jurisprudence. Il veut que les amendement soient mis aux voix avant la question principale, et qu'à leur tour les questions préjudicielles priment les amendements. En conséquence, lorsque la validation ou l'invalidation est proposée par le bureau, avec l'autorité qui appartient à une délégation de la Chambre, il suffit qu'un membre propose un verdict contraire pour que celui-ci soit mis aux voix d'abord. S'il s'élève une motion réclamant l'enquête, c'est-à-dire tendant à ce que la Chambre ne se prononce pas avant d'être mieux éclairée, cette motion a la priorité, et, en cas d'adoption, le vote sur la validité de l'élection doit être réservé jusqu'à ce que l'enquête ait été achevée et que ses résultats aient été portés à la connaissance de la Chambre. A ce moment le débat est rouvert sur les conclusions du rapport d'enquête, aussi large, aussi complet qu'il l'avait été primitivement sur les conclusions du rapport du bureau.

C'est ici le lieu· d'examiner comment certains textes du règlement, et non les moins impératifs, sont amenés à fléchir lorsqu'il s'agit d'un intérêt supérieur de justice et de liberté. L'enquête n'émane pas toujours de l'initiative individuelle ; elle est souvent proposée par le bureau lui-même, et, dans ce cas, il arrive que des membres réclament *de plano* la validation ou l'invalidation. Bien que ces propositions constituent des amendements, elles ne peuvent plus avoir la priorité sur les conclusions du bureau, parce que celles-ci ont pour but de mettre la Chambre en garde contre des erreurs, contre un jugement trop précipité. L'enquête demandée par le bureau doit passer avant les amendements individuels.

Dans les matières ordinaires, le Président qui proclame les votes de la Chambre ne peut rien y ajouter par voie d'interprétation, c'est-à-dire qu'il ne peut pas déclarer que le rejet d'une chose entraîne l'adoption d'une autre. Si deux textes sont en conflit, le rejet du premier n'implique pas l'adoption du second ; il faut que celui-ci soit mis aux voix directement, lors même qu'il serait de toute évidence qu'en repoussant le premier la Chambre a entendu se rallier au second.

Ce principe ne saurait être appliqué aux vérifications de pouvoirs. La Chambre n'est jamais consultée deux fois sur la validité d'une élection. Si l'invalidation a été mise aux voix et repoussée, le Président déclare, comme conséquence, que l'élection est validée. Si au contraire la validation a été mise aux voix et repoussée, le Président déclare que l'élection est annulée[1]. La raison de

1. Bien entendu, il suffirait qu'une demande d'enquête se produisît immédiatement après le rejet des conclusions sur le fond, pour que le Président dût sur-

la situation d'un juge qui aurait refusé de rendre la justice. Pour bizarre que paraisse l'hypothèse, elle n'est pas invraisemblable. Il y a des cas où l'on ne peut former dans une Assemblée que des majorités négatives.

Lorsque la validation a été adoptée par la Chambre, toutes les formalités ne sont pas encore remplies. Il faut que le Président prononce l'admission du député validé. C'est naturellement une formalité obligatoire ; mais il n'est pas inutile de la rappeler, parce qu'elle montre comment le règlement concilie le respect dû au suffrage universel avec la nécessité de vérifier ses opérations. La validation votée par la Chambre, c'est souvent le résultat d'une bataille dans laquelle les partis ont accusé leurs divisions. Pour que le député vienne prendre possession de son siège, il convient que le Président, qui est au-dessus des partis, en qui se résume l'autorité de la Chambre, prononce seul l'admission. Par sa bouche, c'est l'Assemblée tout entière, non plus une fraction de l'Assemblée, qui ratifie définitivement les pouvoirs de l'élu.

§ 6. — *De la procédure appliquée aux travaux des bureaux et commissions.*

Les décisions des bureaux et des commissions étant toujours provisoires, devant toujours être soumises à un débat en séance publique, le règlement a été sobre d'articles pour en déterminer les formes, et ces articles eux-mêmes ne sont pas exécutés avec une grande rigueur. On peut dire que chaque bureau, chaque commission se fait à soi-même sa jurisprudence. Cette grande latitude a un avantage : les travaux préliminaires sont ainsi menés plus vite, et la Chambre ne demande pas autre chose à ses délégations que de ne pas retenir trop longtemps les affaires. Un bureau qui, pour vider une difficulté de procédure, remettrait à un autre jour l'élection de ses commissaires, porterait préjudice aux travaux de la Chambre. Les commissaires nommés par les autres bureaux se trouveraient, en effet, hors d'état de se réunir et de se constituer.

Le bureau qui agirait de la sorte ferait même grief à l'un des textes les plus impératifs du règlement. Aux termes de l'article 13, les bureaux sont tenus de se conformer aux ordres du jour arrêtés en séance par la Chambre. Cela veut dire qu'aucun bureau n'a le droit de délibérer sur des projets autres que ceux qui ont été mis à l'ordre du jour. Mais cela veut dire aussi que tous les bureaux doivent, dans la mesure du possible, désigner leurs commissaires pour chacun des projets inscrits à l'ordre du jour.

Cependant, s'il surgit des difficultés graves, si une élection faite ou à faire soulève des contestations sérieuses, il faut bien en venir quand même à des discussions de procédure. Mais, lorsque l'accord tarde à s'établir, le mieux est d'en référer à la Chambre.

' C'est devant la Chambre que se vident, en dernier ressort, les contestations auxquelles peut donner lieu la non-observation des formes auxquelles sont soumises les délibérations des bureaux ou des commissions[1]. A raison de cette faculté d'appel, on ne se montre pas très rigoureux dans la vie quotidienne. Ainsi le règlement exige que les deux tiers des membres soient présents dans les bureaux, pour que la délibération soit valable[2]. Souvent, des commissaires sont nommés sans que le *quorum* ait été atteint.

1. Naturellement la Chambre ne s'en saisit pas d'office. Elle peut en être saisie par tout membre qui croit avoir intérêt à critiquer la procédure suivie par un bureau ou une commission. Elle en est nécessairement saisie lorsque le bureau ou la commission n'a pu résoudre la question soulevée et s'est trouvé arrêté dans ses travaux. En ce cas, l'affaire est exposée, soit par le Président du bureau, soit même, lorsqu'il en est prié, par le Président de la Chambre.

2. « Ils ne peuvent procéder à aucun vote que si le tiers au moins des membres est présent. » (*Régl. de la Chambre*, art. 12, § 1er.) — « Le procès-verbal de chaque séance (des bureaux) mentionne le nom des membres présents. » (*Régl. de la Ch.*, art. 13, § 2.)

L'élection n'en est pas moins considérée comme valable, si aucune réclamation ne surgit. Il est clair, en effet, que si aucun des membres qui ont été présents, si aucun de ceux qui ont été absents ne proteste contre le défaut de *quorum*, c'est que l'élection est implicitement acceptée, malgré son irrégularité.

Nous avons dit que le but d'une Assemblée, en constituant des délégations, est de faire aboutir le plus vite possible des affaires qui se discuteraient lentement et dans la confusion si elles arrivaient en séance publique sans avoir été successivement étudiées dans les bureaux et dans les commissions. Celles-ci ne se conforment pas toujours au vœu de la Chambre, et, comme ce vœu n'est pas inscrit dans le règlement, excepté pour les commissions d'initiative, comme il n'y a aucune sanction prévue contre les retards, même en ce qui concerne les travaux des commissions d'initiative, il arrive souvent que, soit le

Gouvernement, soit des membres, ont à se plaindre que les questions auxquelles ils s'intéressent soient écartées de la délibération publique.

Contre ces retards, des réclamations sont parfois portées à la tribune, et il est rare qu'elles n'aboutissent pas. Mais, comme elles peuvent jeter une certaine aigreur entre divers membres et dégénérer en interpellations regrettables de collègue à collègue, comme elles déterminent aussi certaines commissions à se justifier en établissant que le projet était trop médiocre pour être promptement rapporté, les intéressés préfèrent, en général, invoquer le concours du Président.

En effet, l'action du Président n'est pas limitée à la direction des débats publics. Elle s'exerce encore avec beaucoup d'efficacité sur la marche des travaux intérieurs de la Chambre. Sans entrer dans le fond même des questions, le Président de la Chambre est amené à entretenir souvent les présidents et les rapporteurs des commissions; car, si la

5.

Chambre règle souverainement son ordre du
jour, c'est le Président qui le propose, et il
est obligé de se préoccuper d'avance des
différentes matières qui viendront y prendre
place. Lorsqu'un grand débat touche à son
terme, il a besoin de savoir si une autre
question, qui intéresse la Chambre et le pays,
sera en mesure de lui succéder.

Il y a encore une autre cause qui met les
commissions en rapports fréquents avec le
Président de la Chambre, c'est l'ordre qui
devra être ultérieurement préparé pour les
débats publics. Ayant le devoir de proposer
à la Chambre la priorité à établir entre les
amendements, le Président peut indiquer
aux commissions les moyens d'amener certains accords, d'éviter certaines difficultés.
Enfin, le Président est également chargé de
la mise aux voix des textes, et cela le conduit à exposer aux commissions les changements de rédaction, les rectifications juridiques qui lui paraissent utiles pour assurer
la clarté du débat et la liberté des votes.

Cette collaboration tout à fait intime, mais très féconde, assure au Président une grande autorité lorsqu'il est saisi de plaintes formulées par ses collègues contre les lenteurs des travaux d'une commission. A ceux qui se plaignent, il peut faire voir les difficultés que la commission rencontre pour achever son œuvre. Auprès de la commission, il peut insister pour que la Chambre soit mise plus rapidement en état de délibérer.

Pour l'ordre de leurs travaux, les commissions sont absolument libres. Le règlement ne leur fournit aucune indication; mais elles ont coutume de suivre les formes tracées pour les délibérations de l'Assemblée plénière. C'est ainsi qu'elles débutent presque toujours par une discussion générale. Au reste, cette discussion générale est tout naturellement introduite par la nécessité où se trouve chaque commissaire de rendre compte du mandat qu'il a reçu de son bureau. Il est bon de ne pas prolonger cet échange d'observations

préliminaires, à moins que la commission
ne soit déterminée d'avance à rejeter en bloc
et par des raisons de principe le projet dont
elle est saisie.

C'est là un cas exceptionnel. Dans les circonstances ordinaires, la commission a mandat d'étudier les textes proposés, de les amé-
liorer, de les conformer à la pensée de la
Chambre. Il importe qu'elle se consacre à ce
travail le plus promptement possible.

Une commission doit avoir d'autant moins
d'hésitation à passer de la discussion générale à l'examen des articles que, même pour
elle, ses votes sur chaque article sont essentiellement provisoires. Lorsqu'elle a adopté
plusieurs textes et qu'ils ne lui conviennent
plus, soit parce qu'une rédaction meilleure
se révèle, soit parce que des articles subséquents se trouveraient en contradiction avec
ceux qui sont déjà passés, elle a le droit de
revenir sur les décisions prises. Elle a même
le droit, après avoir adopté tous les articles
d'un projet, de déclarer par un vote final

qu'elle ne veut plus de l'ensemble, et, dans
ce cas, elle est maîtresse ou bien de porter
devant la Chambre des conclusions négatives
ou bien de recommencer un nouveau travail.

Il est manifeste que ce ne sont pas là des
circonstances souhaitables; mais elles se sont
produites; elles ne sont pas en contradiction
avec le règlement, et il convenait de les rappeler pour montrer quelle liberté de travail
est laissée aux commissions.

Le règlement ne leur assigne non plus aucun moment précis pour la nomination de
leur rapporteur. C'est la logique et l'usage
qui en décident. Lorsqu'il s'agit d'un projet
qui soulève peu ou point de contestations, il
est pratique de nommer le rapporteur immédiatement, parce qu'alors celui-ci peut préparer son compte rendu jour par jour, au fur et
à mesure que la délibération se déroule et que
le procès-verbal se rédige. Au contraire,
lorsqu'il s'agit d'un projet qui soulève beaucoup de difficultés, il est prudent d'attendre,

pour nommer le rapporteur, **que les points**
délicats aient été vidés; sinon on s'expo-
serait à prendre pour rapporteur un membre qui ne serait plus d'accord avec la
majorité de la commission lorsque viendrait
la fin du travail. Même avec la précaution
qui vient d'être rappelée, il arrive souvent
que l'accord cesse entre le **rapporteur et la
commission.** L'accord cesse même quelquefois après l'adoption de tous les articles pour
une phrase insérée dans le rapport. En ce
cas, la commission a le droit de nommer un
nouveau rapporteur. Elle peut aussi le faire
en cours de débat; mais on comprend que
le travail parlementaire n'ait rien à gagner
à ces changements de mains.

L'une des plus grandes causes d'embarras
pour la marche des délibérations des commissions, c'est le droit d'amendement indi-
viduel. Comme le règlement donne à chaque
membre la faculté de produire des amendements jusqu'à la plus extrême limite du dé-

bat, jusqu'à la minute où le Président ouvre
en séance le vote d'ensemble, les commissions ne sont jamais certaines d'avoir achevé
leur tâche et de n'être pas saisies d'une proposition nouvelle. Sans doute elles ne sont
pas tenues de rendre compte, dans un rapport
écrit, de tous les amendements qui leur sont
envoyés. Mais le réglement les oblige à en
entendre les auteurs, si ceux-ci le demandent.
En outre, il est de l'intérêt des commissions
d'étudier les amendements avec soin avant le
débat public afin d'être mieux armées en
séance. Du reste, lorsque le temps leur a
manqué pour étudier un amendement et
que les arguments invoqués à l'appui de cet
amendement paraissent ébranler la Chambre,
le règlement leur assure un moyen de re-
traite; elles peuvent réclamer le renvoi qu'il
n'est pas permis de leur refuser[1]. Mais,

1. « Tout amendement proposé dans le cours des
deux délibérations est renvoyé de droit à l'examen de
la commission, si le rapporteur le demande. » (*Régl. de
la Ch.*, art. 54.) — « Tout amendement, tout article

comme il y a presque toujours des minorités
dans les commissions et que les minorités
pourraient être tentées d'abuser du droit de
faire prononcer le renvoi, ce privilège n'a été
concédé par le règlement qu'au rapporteur.
Dans la pratique, on considère cette règle
comme tellement impérative que la demande
formée par plusieurs membres de la commission ne suffirait pas à entraîner le renvoi. Le
Président exige toujours à cet égard une déclaration formelle du rapporteur.

§ 7. — *De la procédure appliquée à l'initiative parlementaire.*

Le droit d'initiative conféré par la Constitution aux membres du Parlement peut s'exercer sous deux formes très distinctes : par des

additionnel, proposé dans le cours de la discussion (en
cas d'urgence).... est envoyé de droit à la commission
si un ministre ou le rapporteur le demande. » (*Règl. de
la Ch.*, art. 74.)

propositions de loi et par des amendements. Chacune de ces formes a des avantages qui lui sont propres et qu'on ne saurait retrouver dans l'autre.

L'amendement a le privilège d'être facile à manier, d'être soumis à une procédure très large, trés tolérante, et de pouvoir se présenter à toutes les phases du débat. Il a l'inconvénient de ne pouvoir être accompagné d'un exposé de motifs et l'inconvénient plus grave de ne pouvoir saisir l'Assemblée d'une question absolument nouvelle. Il doit, de toute nécessité, se greffer sur une affaire déjà engagée. Comme nous le verrons plus loin, c'est là ce qui constitue à l'amendement un caractère particulier qu'il est impossible de lui enlever et à l'égard duquel la jurisprudence n'a point adouci le règlement.

En revanche, les propositions de loi doivent être accompagnées d'un exposé de motifs, et cette prescription est obligatoire. Le Président ne recevrait pas une proposition que son auteur n'aurait pas motivée par écrit.

Le règlement est formel sur ce point, et la procédure n'admet à ses exigences qu'un seul tempérament, la faculté de réduire l'exposé des motifs à quelques lignes. En faisant de l'exposé des motifs une condition *sine qua non* du droit d'exercer l'initiative parlementaire par la voie des propositions de loi, le règlement a voulu soustraire les Assemblées aux inconvénients des propositions trop hâtives, incomplètement étudiées, lesquelles compliquent le travail ultérieur des bureaux et des commissions, comme aussi celui de la séance. En admettant qu'une proposition est suffisamment justifiée si elle est précédée de quelques lignes contenant une simple déclaration, la procédure a prévu les cas d'urgence où chacun sait trop de quoi il s'agit, où les votes sont plus nécessaires que les paroles.

Aucune limite n'est assignée aux questions que l'initiative parlementaire peut soulever au moyen des propositions de loi, aucune limite, excepté celle qui est marquée par le texte de la Constitution. Une proposition contraire à l'un des articles de la Constitution ne pourrait être reçue par le Président.

Sans doute, le règlement ne contient pas d'article où cette prohibition soit inscrite, où cette autorité soit conférée au Président. Mais la Constitution contient un article qui détermine les formes suivant lesquelles elle peut être revisée, et cet article requiert la réunion des deux Chambres en Congrès pour le vote de nouveaux textes constitutionnels. D'autre part, le règlement donne au Président un pouvoir supérieur pour assurer la validité des délibérations de la Chambre. Or il est manifeste qu'une délibération de la Chambre ou du Sénat, qui toucherait aux lois constitutionnelles en dehors des formes prescrites pour la revision, ne serait pas une délibération valable.

Les Présidents exercent d'ailleurs avec beaucoup de mesure le droit qui leur appar-

tient d'arrêter les propositions inconstitutionnelles Ils n'invoquent ce droit que lorsqu'ils
sont saisis de textes en contradiction formelle, indéniable, avec des articles réservés
à la compétence exclusive du Congrès. Lorsqu'un doute peut s'élever[1], ils se bornent à

1. Il n'est pas extraordinaire que des doutes s'élèvent
parfois sur la question de savoir si une proposition est
ou non inconstitutionnelle. Le caractère d'inconstitutionnalité ne résulte pas seulement de ce fait matériel
que les articles proposés sont en contradiction directe
avec les textes de la Constitution. Il peut résulter aussi
de cette circonstance morale que la matière dont on
demande à saisir la Chambre par voie législative a été
implicitement réservée à la compétence du Congrès.
C'est ainsi qu'avant la revision de 1884, alors que la
composition et le fonctionnement du collège électoral
du Sénat étaient minutieusement réglés par l'une des
lois constitutionnelles, toute proposition qui aurait eu
pour conséquence de modifier en un point quelconque
le mode électoral du Sénat aurait été inconstitutionnelle. Mais il y a des questions qui figurent dans les
lois constitutionnelles et qui peuvent néanmoins être
traitées dans des lois ordinaires. Par exemple, l'article
qui attribue au Président de la République le droit de
grâce et qui réserve aux Chambres le pouvoir de dé-
créter l'amnistie, n'interdirait pas de définir législati-
vement les effets de la grâce et de l'amnistie. Il ne sem-
blerait même pas inconstitutionnel de tracer dans une

indiquer leurs scrupules à l'auteur de la proposition, et, si celui-ci persiste, ils en réfèrent à la Chambre.

Comme la Chambre ne fait pas de déclarations de principes, comme elle doit se borner à adopter ou à rejeter les motions dont elle

loi ordinaire les formes suivant lesquelles la grâce peut être accordée, pourvu qu'on ne la fît pas sortir de la compétence du Président de la République et que les dernières conséquences de la procédure établie n'enlevassent pas à la décision du Président le caractère d'indépendance souveraine dont elle est revêtue en pareille matière. Des doutes pourraient également surgir lorsqu'une proposition vise indirectement le texte constitutionnel en vertu duquel le Président de la République nomme à tous les emplois civils et militaires. Malgré ce texte, il n'a pas été élevé de fins de non-recevoir contre des propositions qui tendaient à faire élire par le peuple certaines catégories de fonctionnaires.

Les cas où des doutes pourraient naître sur le caractère constitutionnel d'une proposition sont nombreux. Il suffisait d'en citer quelques-uns pour indiquer dans quel esprit les Présidents et les Chambres usent du droit d'écarter les propositions par une fin de non-recevoir tirée de la Constitution. Lorsque l'inconstitutionnalité n'est pas absolument démontrée, c'est dans le sens de la libre discussion, de l'examen définitif qu'interviennent les décisions préjudicielles.

6.

est saisie, elle ne peut dire si une proposition lui paraît ou non inconstitutionnelle
qu'en statuant sur une demande de question
préalable.

Il est assez rare qu'on en vienne à cette
extrémité. L'autorité du Président suffit presque toujours à prévenir des discussions forcément irritantes et parfois dangereuses.
Pour que cette autorité puisse s'exercer sans
obstacle, pour que rien ne lui échappe, le
règlement a voulu que les propositions fussent déposées entre les mains du Président,
non point à la tribune comme les rapports
ou les projets de loi. De la sorte, les Présidents ont le temps d'apprécier le caractère
des propositions qui se produisent. Aussi
sont-ils dans la coutume de maintenir très
strictement l'observation de cette partie du
règlement.

L'exercice de la prérogative présidentielle
n'est pas utile seulement à l'Assemblée qu'il
protège contre les embarras des propositions
inconstitutionnelles; il est utile aussi aux

auteurs de propositions. Le Président, qui
embrasse dans leur ensemble tous les travaux parlementaires, est mieux placé qu'aucun autre membre pour dire si une proposition se présente à l'heure opportune, si elle
a chance d'échapper aux lenteurs de la commission d'initiative soit par l'intérêt qu'elle
inspire, soit grâce à l'existence d'une commission compétente, si le jugement de l'Assemblée serait plus favorable avec quelques
modifications de titre ou de texte. Et, comme
le Président ne prend point parti sur le fond
des affaires, comme il est le conseiller naturel et impartial de tous ses collègues, il.
n'hésite pas, lorsqu'une proposition lui est
apportée, à indiquer les raisons de procédure ou de circonstances pour lesquelles il
serait prudent de la modifier ou de la retarder.

Le pouvoir dévolu au Président a également son utilité en ce qui regarde les droits
personnels de chaque membre. Lorsqu'une
question surgit avec assez de force pour pas-

sionner l'opinion publique, il n'est pas rare de voir naître dans une même séance plusieurs propositions ayant le même but. En ce cas, le Président a grand soin d'annoncer les propositions à la Chambre dans l'ordre où elles lui ont été apportées, afin que la priorité soit maintenue à ceux à qui elle appartient.

Le règlement ne s'est pas borné, on le voit, à décider que les propositions seraient remises au Président; il a ajouté qu'elles seraient annoncées par lui à la Chambre. Il a voulu prévenir ainsi la tentation très légitime que les auteurs de propositions éprouveraient, surtout dans les circonstances graves, s'ils venaient à la tribune, la tentation d'accompagner leur dépôt de certains commentaires qui pourraient provoquer des débats anticipés.

Il n'est fait d'exception que pour les cas où l'auteur réclame l'urgence. Le règlement veut que la demande d'urgence soit motivée[1],

1. « La demande ayant pour objet de faire déclarer

Le Président se départit alors volontiers de son droit d'annoncer les propositions à la Chambre. Toutefois, pour les raisons exposées plus haut, il a soin, avant que l'auteur ne monte à la tribune, de prendre connaissance du texte en faveur duquel l'urgence doit être demandée.

Nous avons dit que l'amendement est plus maniable, d'un effet plus prompt que les propositions de loi. En effet, une fois déposées, les propositions qui n'ont pas obtenu le bénéfice de l'urgence doivent être soumises à la commission d'initiative avant de pouvoir être examinées au fond, et cette formalité entraine d'assez longs retards. Lors même que les commissions d'initiative déposeraient leurs rapports dans le délai de quinze jours prescrit par le règlement, il faudrait encore attendre une place à l'ordre

l'urgence est précédée d'un exposé des motifs. » (*Règl. de la Ch.*, art. 70, § 1er.)

du jour pour obtenir la prise en considération, et une place utile. Or l'encombrement
du rôle fait bien souvent écarter les demandes
d'inscription.

Le règlement fournit, il est vrai, aux auteurs de propositions un moyen de gagner
en vitesse les auteurs d'amendements. Ce
moyen consiste à réclamer, lors du dépôt, le
renvoi à une commission existante, si la
question soulevée n'est pas nouvelle[1]. Au
début d'une législature, il y a quelque difficulté à trouver des commissions compétentes
déjà constituées. Mais, lorsqu'une Chambre
est avancée dans sa carrière, la plupart des
questions qui sont de nature à l'intéresser

---

1. « La Chambre peut renvoyer à une commission
déjà formée l'examen des propositions et des projets de
loi qui lui sont présentés. — Dans ce cas, la nouvelle
proposition sera soumise aux mêmes conditions d'examen auxquelles est assujettie la proposition dont la
commission est déjà saisie. (*Règl. de la Ch.*, art. 18.)
— Le Président... renvoie (les propositions) à la commission d'initiative, sauf l'exception portée en l'art. 18. »
(*Ibid.*, art. 34, § 2.)

ont été soulevées, et l'on peut aisément abréger les formalités en renvoyant à des commissions existantes le plus grand nombre des affaires nouvelles. Les membres qui veulent échapper, par cette procédure, à la commission d'initiative, font prudemment de ne point solliciter l'urgence qui n'est pas nécessaire pour obtenir le renvoi ; si l'urgence était repoussée, il n'y aurait pas seulement un préjugé défavorable contre la proposition, il y aurait aussi quelque difficulté à se rabattre subsidiairement sur une demande de renvoi. Dans la rigueur des principes, le refus de l'urgence veut dire que la Chambre n'entend abréger aucune des formalités prévues par le règlement, et le Président se trouve obligé de prononcer le renvoi à la commission d'initiative[1]. Au contraire, lorsque le renvoi est

1. En certains cas, le Président a mis aux voix une demande de renvoi succédant au rejet d'une demande d'urgence; mais il n'a pu le faire qu'avec le consentement de l'Assemblée, et c'est une procédure sujette à contestation.

proposé seul, le Président peut indiquer lui-
même à la Chambre le désir de l'auteur, et
il n'y a guère d'exemple que les demandes
transmises de la sorte aient été repoussées.
Le seul fait que le Président en est l'organe
devient, pour la Chambre, une garantie que
la commission qu'il s'agit de saisir est vraiment compétente.

Ces divers embarras de procédure n'existent point à l'égard des amendements. Dès
qu'un amendement se produit, la commission compétente est saisie de plein droit
par la distribution qu'ordonne le Président.
Mais cette distribution n'est pas ordonnée
en séance comme pour les propositions de
loi, par cette excellente raison que les amendements ne sont pas annoncés publiquement. Même en cours de débat le Président
ne fait pas connaître à l'Assemblée les amendements nouveaux qui se produisent, à
moins que ces amendements ne se rattachent
au texte même qui est en délibération et ne

soient de nature à agir sur le plus prochain vote.

Cette circonstance que les amendements ne sont pas communiqués à la Chambre le jour de leur dépôt explique suffisamment pourquoi le règlement exige qu'ils soient remis au Président, quelle que soit la période du débat à laquelle la Chambre soit parvenue[1]. Lors même qu'un amendement improvisé au cours de la délibération doit être la conclusion d'un discours, il est d'usage que l'orateur en communique le texte au Président avant de monter à la tribune. Cette observation du règlement est indispensable pour permettre au Président d'accomplir l'un de ses devoirs les plus importants et les plus délicats, celui qui consiste à appeler les amendements dans leur ordre logique.

Et la nécessité de faire voter la Chambre sur des textes précis oblige le Président à

---

1. «Ces amendements sont rédigés par écrit et déposés entre les mains du Président. » (*Règl. de la Ch.*, art. 51, § 2.)

considérer comme n'existant point les amendements qui sont formulés verbalement au
milieu d'un débat. Le règlement exige que
les amendements soient rédigés par écrit.
C'est une prescription impérative à laquelle
il n'est jamais dérogé. Où serait la garantie
de l'exactitude des textes publiés comme lois
de l'État, si l'on ne pouvait en reconstituer
l'origine avec les minutes mêmes sur lesquelles le Président a procédé à la mise aux
voix ? Une seule fois, sous l'Assemblée de
1871, dans une heure de crise, dans la hâte
d'une délibération urgente, on a cru devoir
se départir de cette précaution salutaire. Le
lendemain, les contestations les plus graves,
les doutes les mieux fondés se sont élevés
sur l'exactitude du texte enregistré comme
adopté. Et il s'agissait d'une loi d'impôt !

Il existe une autre prescription du règlement qui n'est pas observée avec la même
rigueur, c'est celle en vertu de laquelle les
amendements doivent indiquer l'article de
loi ou le chapitre du Budget auquel ils se

rapporteront. Certes, si les amendements contenaient toujours ces indications, la tâche du Président serait moins compliquée. Mais il est matériellement impossible qu'il en soit ainsi. Dans les Assemblées, surtout dans les Assemblées nombreuses où les délibérations durent longtemps et sont coupées par des incidents multiples, les membres n'ont pas constamment sous la main les textes qu'ils veulent modifier. Par suite du travail des commissions, plusieurs textes sont souvent superposés au milieu desquels il devient malaisé de se reconnaître et de retrouver la trace des articles primitifs. Aussi le Président n'oppose-t-il jamais une fin de non-recevoir aux amendements qui ne contiennent pas les indications d'article ou de chapitre prévues par le règlement. Il se contente d'ajouter lui-même ces indications et d'interroger ensuite les auteurs pour savoir si leur pensée a été bien saisie.

D'ailleurs le Président n'agit pas avec les

amendements comme avec les propositions. Celles-ci, ayant pour conséquence de mettre en mouvement l'Assemblée tout entière par le seul fait de leur dépôt et recevant de suite par le *Journal officiel* une publicité extérieure, appellent de plus près l'attention du Président. Les amendements au contraire ne sont imprimés que pour les besoins de la Chambre ; ils ne reçoivent une publicité officielle et extérieure que le jour du débat. C'est à ce moment-là seulement que le Président se préoccupe de ceux qui pourraient être contraires aux principes de la procédure.

Il est même arrivé quelquefois que des Présidents aient réservé pour l'heure du débat les déclarations qu'ils avaient à faire sur le caractère d'inconstitutionnalité d'un amendement. Quant aux amendements qui ne se rattacheraient pas réellement aux projets visés par leurs auteurs, les Présidents n'en font presque jamais l'observation le jour du dépôt. Mais, lorsque ces amendements doivent venir en délibération, le Président essaye d'en obtenir le retrait, s'il est convaincu qu'ils n'ont pas le moindre lien avec le projet soumis au vote de la Chambre. Si le retrait lui est refusé, il communique ses scrupules à la Chambre qui prononce.

Il n'y a que deux cas où le Président soit dans l'usage de refuser un amendement à l'heure même où on le lui apporte, c'est en cours de débat, lorsqu'un amendement improvisé lui paraît en contradiction formelle avec un texte qui vient d'être adopté, ou bien s'il est la reproduction littérale d'un texte qui vient d'être rejeté. Dans le premier cas, le Président use de son autorité avec plus d'énergie que dans le second. Il y a rarement du doute sur le point de savoir si un texte législatif est la négation d'un autre. Il y en a souvent sur le point de savoir si un texte nouveau reproduit d'une façon identique un texte rejeté. La plupart du temps, trois ou quatre mots changés suffisent pour empêcher le Président d'opposer une fin de non-recevoir absolue.

Dans l'un et l'autre cas, du reste, le Président ne peut invoquer un texte précis du règlement. C'est parce qu'il est chargé de faire respecter les votes de la Chambre qu'il est investi du droit de se refuser à mettre en discussion un amendement par lequel on demanderait à la Chambre de se déjuger.

Son pouvoir n'est consacré par le règlement d'une façon expresse qu'à l'égard des propositions de loi qu'il est interdit de reproduire avant un certain délai lorsqu'elles ont été rejetées [1]. Là encore, les Présidents usent d'une grande modération ; ils ne refuseraient pas de recevoir, avant l'expiration des délais réglementaires, une proposition semblable par le but à une proposition déjà rejetée, pourvu que la proposition nouvelle différât de l'ancienne par son mécanisme.

---

1. « Les propositions rejetées par la Chambre ne peuvent être représentées avant un délai de trois mois si elles ont été prises en considération ; avant un délai de six mois, si elles ont été repoussées au premier vote. » (*Règl. de la Ch.*, art. 38.)

§ 8. — *De la procédure appliquée à l'initiative gouvernementale.*

Le règlement a organisé une procédure spéciale pour la présentation des projets émanés du Gouvernement. Au lieu d'en prescrire le dépôt entre les mains du Président, comme il le fait pour les propositions de loi, il charge les ministres de les apporter eux-mêmes à la tribune[1]. La différence qui existe entre les deux procédures a sa source dans le caractère particulier de l'initiative gouvernementale. Le Président de la Chambre n'a pas, lorsqu'elle s'exerce, un pouvoir d'intervention, un droit de conseil égaux à ceux dont il est investi vis-à-vis de l'initiative parlementaire. Ce n'est plus ici un

[1]. « Les projets de loi présentés au nom du Gouvernement sont déposés par un des ministres sur le bureau de la Chambre, après lecture s'il y a lieu. » (*Règl. de la Ch*, art. 30.)

membre de la Chambre venant apporter un texte au membre que la Chambre a mis à sa tête. C'est le pouvoir exécutif, distinct du pouvoir législatif, qui vient user de ses prérogatives constitutionnelles, suivant les formes établies pour son fonctionnement [1]. Les projets de loi déposés sur la tribune au nom du Président de la République ont été délibérés en Conseil des ministres ; ils arrivent munis d'un décret qui doit être exécuté comme tous les décrets du Président de la République ; ils constituent des actes de Gouvernement qui doivent suivre leur cours, lors même qu'ils blesseraient les sentiments de la Chambre, et contre lesquels la Chambre n'a de recours instantané que par la mise en

---

1. « Le Président de la République a l'initiative des lois, concurremment avec les membres des deux Chambres. » (*Loi const.* du 25 février 1875, art. 3). « Chacun des actes du Président de la République doit être contresigné par un ministre (*ibid.*). » Les ministres sont solidairement responsables devant les Chambres de la politique générale du Gouvernement, et individuellement de leurs actes personnels. » (*Ibid.*, art. 6.)

mouvement de la responsabilité ministérielle. C'est pourquoi le règlement a voulu que les ministres en personne apportassent les projets qu'ils ont contresignés ; leur présence affirme leur responsabilité.

Ceci, bien entendu, ne concerne que les projets qui ont un caractère politique, qui sont de nature à soulever quelque émotion au sein de l'Assemblée. Pour les simples projets d'affaires, la présence d'un ministre à la tribune n'est pas requise d'une façon absolue. Dans la pratique, les projets du Gouvernement sont très souvent communiqués à la Chambre par le Président, comme les propositions de loi.

Mais, quelle que soit la forme adoptée pour la présentation des projets dus à l'initiative gouvernementale, ces projets ont une suite nécessaire. Le Président de la Chambre est obligé d'en prononcer le renvoi aux bureaux ou à une commission existante[1]. Le

1. « Ces projets sont imprimés avec l'exposé des mo-

règlement, d'accord avec les lois constitutionnelles, ne permet pas de procéder autrement. Une motion qui tendrait à suspendre la déclaration de renvoi ne pourrait être mise aux voix. La Chambre n'aurait pas le droit de décider qu'elle refuse d'examiner un projet de loi, parce qu'alors elle détruirait implicitement l'initiative attribuée au Président de la République par la Constitution.

· S'il était nécessaire de poser ce principe qui a paru contesté une fois, en 1877, il faut bien reconnaître qu'en fait l'initiative présidentielle n'a nullement pour conséquence de forcer la main à la Chambre, de la contraindre à délibérer sur un projet qu'elle ne veut pas même examiner. Sans rappeler que le principe de la responsabilité ministérielle met les Chambres à l'abri de projets qui seraient en contradiction avec ses doctrines, on peut

tifs et distribués. Ils sont transmis aux bureaux par le Président ou renvoyés, comme il est dit à l'art. 18, à une commission déjà existante. » (*Régl. de la Ch.*, art. 31.)

dire que l'article qui oblige le Président de la Chambre à prononcer le renvoi aux bureaux est un peu platonique dans ses résultats. La Chambre étant maîtresse de son ordre du jour se contente de ne pas convoquer les bureaux pour l'examen des projets qui ne lui conviennent pas. Toutefois, ce fait qu'en droit elle est tenue de renvoyer aux bureaux les projets du Gouvernement, ce fait donne aux ministres une force morale pour réclamer la nomination des commissions qui se trouvent retardées par suite des calculs de la tactique parlementaire plutôt que par une hostilité irréductible contre le fond ; les mises en demeure de cette nature se sont produites à plusieurs reprises et ont généralement réussi.

L'initiative gouvernementale s'exerçant concurremment avec l'initiative parlementaire, il n'est pas rare qu'après le dépôt d'une proposition le Cabinet présente sur la même matière un projet de loi exprimant ses idées personnelles. Si la Chambre a déjà

examiné dans ses bureaux la proposition
émanée de l'initiative parlementaire, il est
de bonne politique pour le Gouvernement
de demander le renvoi à la commission existante. Il y a vraisemblance en effet que cette
commission représente l'esprit de la majorité
avec laquelle on se mettrait en contradiction
trop directe si, non content de lui apporter un
contre-projet, on venait encore lui conseiller
de dessaisir sa délégation. Or, présenter un
projet nouveau et le faire renvoyer à une
commission nouvelle, ce serait vraiment
dessaisir la commission précédemment nom-
mée. Aussi les demandes de cette nature,
quand elles sont imprudemment faites, amènent parfois, pour le Cabinet, un de ces
échecs préjudiciels qui sont toujours de
mauvais augure. La commission déjà nom-
mée défend son mandat, la Chambre la protège et la saisit malgré l'avis du Gouvernement.

La situation ne se présente pas constamment ainsi, et il y a des cas où le Gouverne-

ment a intérêt, non seulement pour lui, mais encore pour la Chambre, à amener, par la présentation d'un projet nouveau, le dessaisissement d'une commission ancienne. La politique étant chose essentiellement modifiable, il arrive parfois que, quelque temps après la nomination d'une commission, la Chambre n'approuve plus les choix qu'elle a faits. L'intervention du ministère est également de nature à lui faire regretter ces choix. En pareille occurrence, on évite beaucoup de difficultés, beaucoup de lenteurs, en organisant une commission nouvelle pour le projet du Gouvernement; le renvoyer à une commission existante et hostile, ce serait probablement le renvoyer, de propos délibéré, à une impasse d'où la Chambre n'aurait plus guère ensuite de moyen pratique, correct, pour le faire sortir.

Le règlement veut que les projets de loi soient précédés d'un exposé de motifs comme les propositions. Mais, tandis que, pour les propositions, l'exposé des motifs ne peut

s

être lu que si la Chambre l'ordonne[1], l'exposé des motifs d'un projet de loi peut être lu en tout état de cause ; « s'il y a lieu », décide le règlement, c'est-à-dire si le cabinet croit utile de le faire. La Chambre ne pourrait pas être consultée sur la question de savoir si elle autorise la lecture annoncée par un ministre, car les ministres ont la parole toutes les fois qu'ils la réclament, et la lecture de l'exposé des motifs d'un projet de loi, même lorsqu'elle n'est pas accompagnée d'une demande d'urgence, peut avoir parfaitement sa raison d'être. C'est une forme de communication entre le pouvoir exécutif et le pouvoir législatif tout aussi bien que les messages et les discours. Dans la pratique, et pour épargner le temps de la Chambre, les ministres n'usent de leur prérogative que lorsqu'ils veulent solliciter l'urgence. S'ils croient utile de rendre promptement public

1. Sauf, bien entendu, les cas où l'urgence est demandée.

le texte d'un projet de loi, ils se bornent à
en lire le dispositif.

L'initiative gouvernementale ne peut
s'exercer que par la voie des projets de loi.
Elle n'a pas, comme l'initiative parlementaire, la ressource des amendements. Le cabinet ne peut demander de modifications à
une proposition de loi qu'en déposant à son
tour un projet de loi, et, s'il a lui-même déposé un projet de loi, il ne peut plus le modifier qu'en apportant une disposition addi-
tionnelle ou rectificative astreinte aux mêmes
formes que le projet primitif, avec cette réserve qu'un exposé de motifs n'est plus indispensable.

Ces principes ne sont inscrits ni dans le
règlement ni dans la Constitution, mais ils
en découlent avec une évidence incontes-
table. D'une part, l'initiative des lois est
conférée au Président de la République, non
point à ses ministres qui n'interviennent
dans la présentation qu'en qualité de délé-

gués [1] et aussi à raison de la nécessité du contre-seing. Lorsque le Président de la République a signé un décret prescrivant la présentation d'un projet de loi, il est naturel que le texte dont la Chambre a été saisie ne soit plus modifié sans un autre décret, et, lorsqu'à l'occasion d'une proposition émanée de l'initiative parlementaire, le Cabinet juge bon de formuler un contre-projet, il est encore naturel qu'un décret soit exigé, sinon le Cabinet exercerait personnellement l'initiative qui appartient au Président de la République [2].

1. Tous les décrets de présentation débutent ainsi : « Le Président de la République décrète : Le projet de loi dont la teneur suit sera présenté par le Ministre de ... qui est chargé d'en exposer les motifs et d'en soutenir la discussion. »

2. Il ne semble même pas que, dans cette dernière espèce, le décret puisse ordonner la présentation d'articles isolés se rattachant, pour les amender, à divers articles de la proposition d'initiative parlementaire. Le Président de la République ne peut envoyer à la Chambre que des projets de loi complets formant un ensemble depuis le premier article jusqu'au dernier. S'il pouvait envoyer des fragments de texte s'opposant à certains articles des

l'approbation et à la signature du Président
de la République, ils ont la ressource de le
faire déposer par l'un des membres de la
Chambre et de déclarer ensuite qu'ils l'ac-
ceptent. Il a été admis, en outre, qu'un ministre [peut déposer lui-même un amendement sur le bureau de l'Assemblée dont il
fait partie, à la condition de déclarer qu'il
n'agit pas comme ministre, mais comme sé-
nateur ou comme député. Il est vrai que
cette seconde manière de procéder n'a pas
toujours donné d'excellents résultats; elle
peut jeter le trouble dans les esprits par
suite de la distinction quasi-théologique qu'il
faut établir pour comprendre exactement la
la situation du débat.

Dès que l'initiative du Président de la
République s'est exercée suivant les formes
indiquées plus haut, le projet n'appartient
plus au Gouvernement, mais à la Chambre
qui a le droit de le discuter et de le modifier
comme il lui plaît, soit dans le sein de ses

commissions, soit en séance publique. Néanmoins, le Gouvernement qui craint un échec
a le droit de ressaisir son texte par un décret
de retrait. Bien que le règlement soit muet
à cet égard, c'est un droit qui n'a jamais
été contesté et qui ne saurait l'être. Il faut
seulement distinguer entre les différentes
phases de la procédure.

Un projet qui n'a pas encore été examiné
par les bureaux ou que la commission n'a
pas encore rapporté disparaît manifestement
à la suite du décret de retrait. La situation
est un peu plus délicate lorsqu'un rapport a
été déposé. Il existe alors une œuvre parlementaire dont il est peut-être difficile de dé-
pouiller la Chambre. En ce cas, le Cabinet
use avec beaucoup de réserve du droit de
retrait, et seulement à la suite de négociations
avec les membres qui pourraient être tentés
de ne pas laisser tomber le rapport de la
commission. Les difficultés sont bien plus
graves si le débat est déjà commencé sans
toutefois qu'aucun article ait été voté. In-

tervenant à pareille heure, sans avoir été
sollicité par une partie notable de l'Assemblée, un décret de retrait serait exposé à
rencontrer une motion tendant à ce que la
Chambre retienne l'affaire et continue de
délibérer. Sans doute on pourrait opposer à
cette motion le principe général d'après lequel un projet retiré et repris devient une
simple proposition de loi soumise à une série de formalités. Mais ce serait là une question compliquée, douteuse, qui ne pourrait
être résolue que par un vote de la Chambre, et
si, au lieu d'être en face d'une demande individuelle de reprise, on était en face d'une déclaration de la commission elle-même insis-
tant pour que son travail ne fût pas soustrait
au jugement de l'Assemblée, il y aurait toute
chance pour que le décret de retrait n'eût
aucun résultat pratique, pour que le Gouvernement fût obligé de subir jusqu'au bout la
délibération qu'il aurait voulu éviter, avec ce
désavantage désormais de n'être plus en
quelque sorte partie au débat.

Quant à l'hypothèse où le décret de retrait se produirait après l'adoption d'un ou de plusieurs articles, elle semble complétement inadmissible. Lorsque la Chambre a voté des textes, ces textes sont acquis ; ils ne peuvent plus disparaître qu'à l'une des étapes indiquées par la procédure, telles que le passage à une seconde lecture, le vote d'ensemble, la contre-délibération de l'autre Chambre. Tout ce que le Gouvernement peut faire après le vote d'un ou de plusieurs articles, c'est de retirer quelques uns des articles subséquents, et, pour cela, il n'a plus besoin d'un décret; sa déclaration suffit.

La plupart du temps, le Gouvernement est libre de choisir les matières sur lesquelles il veut engager son initiative et présenter des projets de loi. Il a intérêt souvent à laisser l'initiative parlementaire agir seule et débrouiller certains problèmes en dehors de son intervention. Néanmoins, il n'est pas toujours maître de suivre la politique d'ab-

stention. Il y a deux cas où il est tenu de
présenter des projets. Par un article de loi,
les Chambres peuvent lui imposer l'obligation d'user de son initiative sur une matière
déterminée. Assurément, cette procédure un
peu exceptionnelle n'est pas fort bonne, d'autant que le ministère n'est pas toujours com-
posé des mêmes membres lorsque la présentation d'un projet est ordonnée et lorsque
vient à expirer le délai fixé pour cette présentation. Cependant, des obligations de cette
nature ont été quelquefois inscrites dans les
lois, et le Gouvernement est tenu de s'y conformer. Il est également tenu d'apporter à
chaque Chambre les projets que l'autre
Chambre a votés, lors-même qu'il n'en
approuverait plus ni la rédaction ni le but.
Seulement, il a le droit de faire connaître
son opinion dans l'exposé des motifs. Il a
aussi le droit d'indiquer les modifications
qu'il voudrait voir introduire dans le projet adopté ; mais il ne peut relater ces modifications que dans l'exposé des motifs ; il ne

peut les introduire dans le libellé officiel des articles, lequel doit rester strictement conforme au texte sorti des délibérations de la Chambre.

Afin d'assurer le respect de ces délibérations, le règlement du Sénat et celui de la Chambre ont assigné un délai pour la présentation des projets déjà votés par l'une des deux Assemblées : au palais Bourbon, il suffît que le délai expire pour que le Président de la Chambre soit investi des devoirs qui n'ont pas été remplis par le Gouvernement et soit tenu d'opérer lui-même la transmission au Sénat[1]. En réalité, il n'use jamais de ce droit qui suppose, entre la Chambre et le Cabinet,

---

1. « Tout projet de loi voté par la Chambre des députés est transmis par le Président de la Chambre au ministre qui en a fait la présentation. — Au cas où, dans le délai d'un mois, ce projet n'aurait pas été présenté au Sénat par le ministre compétent, le Président de la Chambre des députés transmettrait lui-même le projet au Président du Sénat. — Le délai d'un mois est réduit à trois jours si la Chambre, par une décision spéciale, a déclaré que la transmission aurait lieu d'urgence. » (Régl. de la Ch., art. 141.)

un conflit poussé jusqu'à des extrémités difficiles à atteindre. Avant de se heurter au
refus de transmission d'un projet voté par
elle, la Chambre ferait agir le principe de la
responsabilité ministérielle. Dans la pratique,
s'il arrive au Président de constater que le
délai imparti pour la transmission d'un projet touche à son terme, il en entretient le
ministre compétent; la négligence est réparée
et la présentation s'opère dans les formes
ordinaires. Avec les projets adoptés au
Luxembourg, le ministère jouit d'une latitude un peu plus grande. Si le règlement
lui impose, comme au palais Bourbon, un
délai pour saisir l'autre Chambre des projets
votés par le Sénat, du moins il ne charge pas
le Président du Sénat de suppléer d'office à
la défaillance involontaire ou calculée du
Gouvernement. Le Président du Sénat n'est
tenu d'opérer lui-même la transmission des
projets votés que si la demande en est faite
après l'expiration du délai réglementaire. Il
suffit d'ailleurs qu'un seul membre formule

première et de la seconde lecture, les circonstances particulières de l'urgence et de
la délibération unique. Mais, dès qu'il s'agit
d'appliquer ces articles, on reconnaît que
les auteurs du règlement ont été sages de
les résumer tous en un seul qui charge le
Président de diriger les délibérations.

C'est en effet par l'action du Président que
sont assurées la liberté de la tribune et la
clarté des délibérations. Si les textes du règlement étaient tout simplement pris à la lettre,
les Assemblées n'auraient guère que des discussions confuses ou tronquées. Ainsi l'article
en vertu duquel les orateurs parlent alternativement pour et contre, suivant un registre
d'inscriptions établissant les priorités[1], cet article ne garantirait ni l'ordre normal des discours ni les droits réels de la priorité sans la

---

1. « Les secrétaires inscrivent les Députés qui demandent la parole, suivant l'ordre de leur demande. » (*Régl.
de la Ch.*, art. 102, § 1er.) — « Dans les discussions, les
orateurs parlent alternativement pour et contre. » (*Ibid.*,
art. 103, § 1er.)

vigilance du Président. Il arrive fort souvent
dans les Assemblées qu'un membre choisit la
feuille d'inscriptions la moins chargée, non
pas parce qu'elle répond à son opinion, mais
parce qu'elle lui assure un des premiers
rangs dans le débat ; il se trouve dès lors inscrit dans un sens différent de celui dans lequel il doit parler. Souvent encore il arrive
qu'il n'y a plus d'orateurs inscrits dans un
sens, tandis qu'il en reste beaucoup dans le
sens opposé. Par suite, la Chambre se trou-
verait exposée à entendre successivement plusieurs orateurs exprimant la même opinion,
et cela n'avancerait pas beaucoup le débat
qui doit être contradictoire sous peine d'être
à peu près superflu.

C'est le Président qui supplée par sa pré-
voyance et son autorité[1] à l'insuffisance iné-
vitable du règlement. Il s'entend avec les

1. Cette autorité est consacrée par l'art. 101 du règlement qui dit en termes formels : « Aucun membre de
la Chambre ne peut parler qu'après avoir demandé la
parole au Président et l'avoir obtenue. »

orateurs inscrits dans un sens différent de celui dans lequel ils doivent parler, afin de ne les faire succéder qu'à un membre de l'opinion contraire. Lorsqu'il n'y a plus d'orateurs pour soutenir le projet, et qu'il reste, du côté contre, des orateurs réclamant le privilège de leur inscription, il s'attache à intercaler dans la série des discours hostiles l'opinion du rapporteur ou de l'un des membres de la commission. S'il s'est assuré que la commission ne veut plus intervenir, il tâche d'éviter à la Chambre un défilé de discours à peu près identiques, en engageant les orateurs encore inscrits à réserver leurs observations pour l'examen des articles. Ce sont là, bien entendu, des négociations qui se poursuivent le plus souvent en silence et qui sont subordonnées à l'acquiescement des membres intéressés. Mais il est rare qu'elles ne réussissent pas et qu'elles ne tournent pas au profit de la délibération.

9.

L'autorité du Président n'est pas moins nécessaire lorsqu'il s'agit de la clôture. Si les Chambres étaient livrées à leurs seules inspirations en face du règlement qui leur donne le droit de prononcer la clôture quand elles le veulent, il pourrait arriver que les discussions, surtout les discussions générales dont l'intérêt est moindre aujourd'hui qu'il y a quarante ans, fussent écourtées au détriment de la liberté de la tribune. On a vu parfois réclamer la clôture avant tout débat. Sans doute ici la clôture est implicitement interdite par le texte même du règlement, car on ne peut pas clore ce qui n'a pas encore existé, et un débat n'a existé que lorsqu'il a été contradictoire. Les Chambres sont donc matériellement obligées d'accorder la parole au premier orateur inscrit contre et au premier orateur inscrit pour. Mais, cela fait, lorsque ni le Gouvernement ni la Commission n'interviennent, l'influence du Président est parfois indispensable pour prévenir une brusque clôture et pour assurer

la parole à un ou deux au moins des orateurs qui restent inscrits. Seulement, comme
il s'agit ici de modérer l'usage d'un pouvoir
souverain de la Chambre, le Président déploie beaucoup de prudence lorsqu'il croit
devoir indiquer à ses collègues qu'il n'y a
pas lieu d'aller jusqu'au bout de leur droit.
C'est en leur demandant [plusieurs fois s'ils
insistent sérieusement pour la clôture qu'il
leur fait comprendre ce qu'il croit utile à
la sincérité des délibérations. Si l'on in-
siste, il n'épargne rien pour obtenir le silence en faveı de 'orateur qui combat la
clôture. Après cette dernière tentative, et quel
que soit l'accueil fait à celui qui a combattu
la clôture, le Président n'est plus maître de
donner la parole à un autre membre pour la
combattre encore. Il rencontre ici une disposition impérative du règlement[1]. Il est
tenu de mettre la clôture aux voix sans délai.

1. « Si la parole est demandée contre la clôture, elle
ne peut être accordée qu'à un seul orateur. » (Règl. de
la Ch., art. 108, § 2.)

Si la clôture est prononcée, le Président devient le gardien de la décision prise par la Chambre. Il déploie, pour a faire respecter, autant d'efforts qu'il en avait déployés tout à l'heure pour assurer une large discussion. Et cette seconde partie de sa tâche n'est pas moins difficile ni moins délicate que la première.

Le règlement a beau décider qu'après la discussion générale le débat porte sur chaque article envisagé séparément[1], la tentation est grande de recommencer la discussion générale, notamment sur l'article 1ᵉʳ qui renferme d'ordinaire le principe fondamental du projet de loi. Le Président seul peut protéger la

1. En première délibération, dit le règlement de la Chambre, après la clôture de la discussion générale et le passage aux articles, la discussion « porte successivement sur chaque article et sur les amendements qui s'y rattachent. — A la seconde délibération, il est procédé au vote de chaque article et aux amendements qui s'y rapportent. » (Art. 59.) Même précaution en cas d'urgence. Après le passage aux articles, la « discussion porte exclusivement sur chacun des articles et sur les amendements qui s'y rapportent. » (Art. 73.)

que le Président l'invite à rester dans les limites du débat engagé, et son autorité suffit presque toujours à obtenir le résultat voulu.

Des difficultés de même nature se rencontrent au moment du vote d'ensemble et avant que le vote soit ouvert. Le règlement permet de présenter alors des considérations pour l'adoption ou le rejet[1]. Il est manifeste que ces termes assez vagues fournissent l'occasion de recommencer une sorte de discussion générale. Il est certain, d'un autre côté, qu'après le vote de tous les articles d'un projet, il serait regrettable pour la Chambre de se voir ramenée à son point de départ. Le travail législatif deviendrait une toile de Pénélope. L'intervention du

1. A la fin de la deuxième délibération « avant le vote définitif du projet, tout député a le droit de présenter des considérations générales sur l'adoption ou sur le rejet ». (*Régl. de la Ch.*, art. 59, § 6.) — A la fin de la discussion unique, en cas d'urgence, le même droit est établi dans les mêmes termes par le premier paragraphe de l'article 75.

Président tempère ce que pourrait avoir d'excessif l'usage du droit inscrit dans le règlement. Du reste, elle rencontre ici moins d'obstacles que dans les cas précédemment rapportés. La lassitude de l'Assemblée, la fatigue même des orateurs viennent grandement à son aide.

Comme le but de cette étude n'est pas de retracer chacune des régles suivant lesquelles les Chambres délibèrent, mais simplement d'indiquer de quelle manière ces règles sont comprises et appliquées, il serait superflu d'analyser ici les phases diverses d'une délibération. Il suffira de dire que les prescriptions du règlement sont interprétées, pour chaque espèce, dans le sens qui paraît le plus propre à garantir aux orateurs la liberté de la parole, aux Chambres la liberté du vote.

Par exemple, le principe d'après lequel la priorité doit étre dévolue au texte le plus large, à celui qui s'éloigne le plus du projet primitif, ce principe n'est pas tellement étroit qu'il interdise au Président de mettre en délibération d'abord un amendement qui, littéralement, n'est pas le plus large. Lorsque la clarté de la discussion et la sincérité des votes y sont intéressés, le Président peut faire certaines interversions, pourvu qu'il en prévienne préalablement la Chambre et que tout le monde y consente.

De même en ce qui concerne la formalité si fréquente de la prise en considération, laquelle réduit le débat à un développement sommaire et entraîne un vote préjudiciel. Lorsque le Président juge qu'un amendement est véritablement connu de tout le monde, surtout de la commission, lorsqu'il constate que la Chambre a hâte de prononcer au fond, qu'elle y a un intérêt majeur, il peut lui demander de supprimer la formalité de la prise en considération ; il a soin, toutefois, de rappeler que, pour justifier cette exception aux règles de la procédure, il existe des circonstances de dépôt ou de distribu-

tion qui se sont déjà rencontrées dans des
précédents analogues.

§ 10. — *De la procédure appliquée*
aux votations.

La procédure des votations soulève des
considérations analogues à celles qui ont été
exposées au chapitre des vérifications de
pouvoirs. Si la Chambre n'est plus un tribunal en cette circonstance, elle est du moins
l'arbitre suprême des destinées du pays.
Une fois le débat clos, elle est tenue d'obser-
ver avec une grande précision les règles
qu'elle s'est données. La jurisprudence ajoute
peu au texte du règlement. Elle ne fait ici
que le confirmer et démontrer l'impossibilité
de se dérober à ses prescriptions.

Jamais, par exemple, les demandes de
scrutin public ne sont reçues là où le règlement les interdit [1]. Jamais le vote par assis et

1. « Le vote par scrutin public peut être demandé en

levé n'est substitué au vote par scrutin public, lorsque celui-ci est déclaré obligatoire
par le règlement[1].

Les votes proclamés par le Président sont
acquis, et il n'y a presque pas d'exemples de
votes annulés après la proclamation. Pourtant, comme toutes les choses humaines sont
sujettes à erreur, les Présidents ne peuvent
pas se refuser à consulter la Chambre, lorsqu'on leur demande, avant l'adoption du
procès-verbal, d'annuler, pour cause d'erreur
matérielle, un vote émis la veille.

Séance tenante, les votes qui viennent d'être
émis peuvent être renouvelés avec moins de
scrupules; mais il faut, pour cela, qu'une frac-

---

toute matière, excepté dans les questions de rappel au
règlement et dans les cas prévus par les articles 106,
122 et 127. » (*Règl. de la Ch.*; art. 82, § 1er.)

1. « Le vote par scrutin public est de droit : 1° après
deux épreuves douteuses; 2° sur tous les projets de loi
portant ouverture de crédits autres que ceux d'intérêt
local, et sur les projets de loi établissant ou modi-
fiant les impôts et contributions publics. » (*Règl. de
la Ch.*, art. 81.)

tion très notable de la Chambre déclare n'avoir pas compris la position de la question. Dans les votes par assis et levé qui ont lieu rapidement, parfois au milieu du bruit, cela peut arriver. Dans les scrutins publics, c'est infiniment plus rare, parce que les membres qui n'ont pas compris la position de la question ont tout le loisir, avant de déposer leurs bulletins, de s'éclairer auprès de leurs collègues et de venir consulter le Président lui-même. Dans ce dernier cas, si les réclamations paraissent fondées, le Président se lève, fait arrêter les urnes et explique de nouveau la position de la question; puis le vote continue. Il ne pourrait être recommencé que si un grand nombre de membres déclaraient avoir déjà déposé des bulletins exprimant une opinion contraire à celle qu'ils croyaient soutenir. Même en ce cas, l'annulation de l'opération commencée ne serait pas le seul remède. Les membres qui se seraient trompés en déposant leurs bulletins auraient la ressource d'ajouter dans les urnes deux bulletins contraires au premier pour que leur opinion fût régulièrement enregistrée au procès-verbal.

Les méprises qui viennent d'être exposées autorisent le Président seul à parler, et l'intervention du Président n'autorise personne à parler après lui. La disposition réglementaire qui interdit de prendre la parole entre deux épreuves[1], s'interprète dans le sens le plus rigoureux, et il sufût qu'un vote soit commencé, sous n'importe quelle forme, pour que la parole soit refusée à tout le monde, même aux ministres[2]. Si les Chambres n'étaient pas ici dans l'usage d'appliquer leurs règlements d'une façon littérale, elles seraient exposées à des surprises de conscience. Aux heures de crise, aux jours d'hésitation, un discours serait jeté dans le trouble qui précède l'ouverture matérielle du vote; il reste-

1. « Nul ne peut obtenir la parole entre les deux épreuves par assis et levé, ni entre la deuxième épreuve et le vote au scrutin. » (*Règl. de la Ch.*, art. 80.)

2. Que les Ministres puissent invoquer alors leur pri-

terait sans réponse et ferait dévier les votes médités pendant la délibération normale.

Dans tous les cas où le règlement admet les demandes de scrutin public, la garantie de vingt signatures est exigée [1]. Cette garantie ne protège guère les Chambres contre l'abondance des demandes de scrutin public. Ces demandes sont presque toujours signées d'avance, et il suffit qu'un seul membre prenne la responsabilité du dépôt pour que le scrutin public ait lieu. Mais ce serait une erreur de croire que les choses se passent ainsi sans le consentement de la Chambre. En réalité, le fonctionnement du suffrage universel impose aux élus du pays des obligations diverses, au premier rang desquelles figure une sorte de nécessité de voter publiquement sur toute question un peu grave. Non seulement le scrutin secret, qui était la règle avant

vilège constitutionnel, c'est un point délicat qu'il est rarement bon de soulever.

1. Mais, après une première épreuve douteuse, la demande peut être faite oralement par un membre.

Le règlement ne contient pas d'article interdisant de voter pour les absents. On comprend son silence à cet égard. Il n'y a pas d'utilité véritable à empêcher le membre retenu par une affaire imprévue de charger un de ses collègues de publier son opinion. Les votes des représentants du pays devant être jugés en définitive par le pays lui-même, c'est à leurs risques et périls que les membres absents confient à des collègues une procuration dont l'usage pèsera sur leur destinée électorale. Il y a d'ailleurs un correctif aux tolérances du règlement. Lorsque la Chambre est engagée dans un débat grave, dont le résultat final est incertain, au cours duquel les opinions peuvent se modifier sous l'influence des explications échangées, la volonté de quarante membres suffit pour écarter les votes des absents. Si quarante membres réclament le scrutin public à la tribune, c'est-à-dire le vote personnel, il a lieu de plein droit. Toutefois, même en ce cas, le Président et la Chambre sont dans l'usage de procéder au scrutin avec assez de lenteur pour que les membres absents qui se trouveraient à proximité de l'enceinte législative puissent être rappelés et venir déposer leurs bulletins.

La faculté laissée par le règlement de voter pour les absents dans les scrutins ordinaires n'a pas empêché ses auteurs de prendre des précautions contre le trop grand nombre d'absences. Ils ont déterminé ce qu'on appelle le *quorum*, c'est-à-dire le nombre de membres dont la présence est absolument nécessaire pour assurer la validité des votes de l'Assemblée. Ce nombre est fixé à la moitié plus un du nombre légal des Sénateurs ou des Députés.

Cette disposition du règlement étant l'une de celles qui ont donné naissance aux contestations les plus fréquentes et les plus compliquées, on a plusieurs fois songé à abaisser le chiffre du *quorum*. On ne l'a jamais fait. Il y a d'abord certaines difficultés matérielles à fixer une limite qui devient forcément arbitraire du moment où elle n'est plus l'expression pure et simple de la majorité. Puis on peut craindre de diminuer l'autorité des délibérations d'une Assemblée en constatant d'une façon publique, par voie réglementaire, qu'un très grand nombre de ses membres s'abstiennent d'assister aux séances. Il y a chez nous, sur ce point, des idées plus précises qu'en d'autres pays. Notre corps électoral attache un grand prix à la présence de ses mandataires dans l'enceinte législative. En outre, l'abaissement du *quorum* serait probablement de nature à entraîner, par une conséquence forcée, l'obligation permanente du vote personnel. C'est du moins ainsi qu'on l'a compris en Angleterre, où les portes de la salle se ferment dès que le Président a posé la question, afin que ceux-là seuls qui ont entendu poser la question puissent prendre part au vote. On se plierait peut-être difficilement chez nous à une exigence aussi étroite.

A tout prendre, d'ailleurs, l'article qui dé-

termine le *quorum* ne suscite des difficultés
de procédure que dans les circonstances délicates où d'autres articles, à défaut de celui-
là, serviraient également d'armes entre les
mains des partis. Investi du droit de constater le nombre des Députés présents [1], le
Bureau ne procède pas à cette opération
d'office ; il attend d'en être requis par quelques membres, et il l'est bien rarement en
temps ordinaire. Lorsqu'une demande de
cette nature vient à se produire, le Président, avant d'y donner suite, fait prier tous

1. « La présence de 267 Députés (aujourd'hui 293), majorité absolue de leur nombre légal, est nécessaire pour
la validité des votes. — Le Bureau constate le nombre
des membres présents. — Si le Bureau n'est pas unanime, il est procédé au scrutin public à la tribune. —
Au cas d'impossibilité d'un vote par le défaut de présence de la majorité absolue du nombre légal des Députés, un second tour de scrutin sur le même objet est
porté à l'ordre du jour de la séance suivante, et à ce
second tour le vote est valable, quel que soit le nombre
des votants. Toutefois, pour les élections en Assemblée
générale, prévues aux articles 2 et 89, cette dernière
disposition n'est applicable qu'au troisième tour de
scrutin. » (*Régl. de la Ch.*, art. 95.)

les membres répandus dans les différentes parties du palais législatif, de vouloir bien rentrer en séance. Cette précaution prévient très souvent la manœuvre qui consiste à invoquer le *quorum* pour mettre la Chambre dans l'impuissance de continuer ses travaux. Enfin la jurisprudence, absolument d'accord avec la lettre même du règlement, a corrigé ce qui pourrait paraître excessif dans l'obligation du *quorum*, en distinguant le débat du vote. La présence de la moitié plus un des Sénateurs ou des Députés n'est jamais requise pour délibérer. Elle ne peut être réclamée qu'à l'heure même du vote, et comme les votes importants, seuls en cause dans la question du *quorum*, sont généralement chose prévue, les majorités peuvent se mettre en garde contre des manœuvres qui auraient pour but de retarder leurs décisions.

Bien que la parole appartienne de plein droit à tout membre qui la demande pour la position de la question, c'est du Président seul que dépend la mise aux voix, et, d'ailleurs, la mise aux voix est, la plupart du temps, imposée par l'état de la délibération ainsi que par les règles établies en matière de priorité. Le Président n'a guère plus de moyens pour modifier la question posée que la Chambre pour exprimer son désir de la voir modifier. C'est d'abord, d'une façon à peu près constante, le texte qui vient d'être discuté, que le Président est obligé de soumettre au vote de l'Assemblée. Il serait peu correct, après la clôture d'un débat, d'appeler la Chambre à statuer sur une question autre que celle qui vient d'être examinée. Si de pareils écarts se produisaient souvent dans la mise aux voix, il arriverait que beaucoup de membres auraient peine à comprendre sur quoi la Chambre vote et se tromperaient de bulletins. Néanmoins, il est arrivé, à diverses reprises, qu'une délibération avait fait ressortir l'utilité de modifier la priorité primitivement établie. En ce cas, des Présidents ont pu, avec l'assentiment de la Chambre, réserver le point qui était en délibération pour en mettre un autre aux voix. Mais ce sont là des procédés exceptionnels, auxquels il est prudent de ne recourir que lorsque la liberté des votes y est manifestement intéressée. Dans la pratique quotidienne, il est désirable que le Président puisse fermer le débat comme il l'a ouvert, dans les mêmes termes, en rappelant la question telle qu'il l'avait posée à l'origine.

Ceci ne veut pas dire qu'à la suite du débat il y ait inconvénient à diviser la question primitivement posée, si le débat en a fait ressortir la complexité. C'est, au contraire, un droit absolu, réglementaire, de demander la division au moment où la question va être posée[1]. De plus, il y a de nombreux cas où elle est opérée d'office par le Président lui-même, soit parce qu'au

---

1. « Dans les questions complexes, la division est de droit lorsqu'elle est demandée. » (*Régl. de la Ch.*, art. 93.)

cours de la délibération un amendement nouveau a surgi auquel il faut réserver sa place, soit parce que les discours des orateurs ont révélé dans le texte proposé des parties qu'une même majorité ne saurait accepter. Les Présidents éprouvent d'autant moins d'hésitation à garantir, par la division, l'entière liberté des consciences, que toutes les parties adoptées séparément doivent être réunies ensuite dans un vote d'ensemble [1].

L'unique circonstance où il y ait quelque embarras à faire la division, soit d'office, soit sur la demande d'un membre, est celle où la division doit avoir pour conséquence de réduire la partie mise aux voix à un fragment de phrase qui ne signifie rien. Anciennement, la division était souvent refusée en pareil cas, malgré le texte impératif du règlement. Les Présidents et les Chambres par-

---

1. « La délibération est toujours terminée par un vote sur l'ensemble. » (*Règl. de la Ch.*, art. 94, § 2.)

talent de cette idée qu'en votant par division on doit considérer l'hypothèse où la
première partie mise aux voix serait seule
adoptée. Alors, mettre aux voix une portion
de phrase qui n'aurait pas de sens toute
seule, serait exposer la Chambre à se trouver, après une série d'épreuves, en face d'un
texte régulièrement adopté et pourtant inca-
pable de figurer dans une loi. Depuis quelques années on s'est un peu départi de la
rigueur d'autrefois ; on est revenu à une application plus littérale du texte réglementaire. Pour que chacun puisse exprimer plus
librement son opinion, on a consenti à statuer séparément sur des portions de phrase
qui n'auraient jamais pu constituer par elles-
mêmes un texte législatif. Naturellement, il
faut, pour procéder ainsi, que l'intérêt de la
Chambre soit évident et qu'il y ait entre ses
membres une convention tacite pour ne pas
terminer l'épreuve sur une phrase dénuée
de sens. Cette méthode en a d'ailleurs amené
une autre qui en est le correctif. Contraire-

ment à ce qui était d'usage en d'autres époques, le vote d'ensemble a lieu aujourd'hui, même lorsqu'il n'y a pas d'ensemble et que, de toutes les parties divisées, une seule a été adoptée. La Chambre a donc toujours la ressource de se débarrasser d'un inutile morceau de pensée que les hasards de la division l'auraient conduite à voter. En sorte qu'au fond, le seul inconvénient de là procédure nouvelle, plus respectueuse que l'ancienne des moindres scrupules de conscience, c'est d'obliger le Président, et avec lui tous les membres de l'Assemblée, à l'attention la plus soutenue, la plus pénible, pour ne pas s'égarer à travers les dédales d'une série de divisions qui réduisent à de la poussière les textes débattus.

Comme il importe avant tout, lors de la mise aux voix, que chaque membre connaisse bien exactement la portée de ce qu'il va voter, le Président a le droit de compléter la position de la question par des renseignements tirés du fond même du débat. C'est ainsi qu'en mettant aux voix un amendement, il ne se refuse point à répéter l'avis de la commission, à dire si elle l'accepte ou si elle le repousse. Il agit de même à l'égard des déclarations du Gouvernement, sans que l'on puisse prétendre qu'il intervient par là dans le fond de la question. Ces renseignements déjà connus n'ont pas pour conséquence, lorsqu'il les reproduit, d'influencer les votes. Ils ont pour but d'empêcher les votes de s'égarer. Dans une Assemblée nombreuse, agitée, la portée d'un texte n'est pas toujours complètement saisie ; on hésite parfois sur le point de savoir si c'est l'article ou l'amendement qu'il s'agit de voter. En rappelant l'opinion de la commission et celle du Gouvernement, le Président diminue les chances d'erreur.

§ 11. — *De la procédure appliquée aux interpellations et aux questions.*

Les principales règles qui intéressent les

propositions de loi s'étendent aux interpellations et aux questions. Comme pour les propositions, le règlement veut que le Président soit prévenu avant la Chambre des interpellations et des questions qui doivent être adressées au Gouvernement [1]. Pour les questions, il suffit de le prévenir verbalement. Pour les interpellations, il est indispensable de lui remettre une demande écrite. Le Président ne pourrait annoncer une interpellation à la Chambre s'il n'en était pas saisi par écrit. Bien que la pensée des auteurs d'interpellations soit destinée à s'exprimer surtout par des ordres du jour motivés, il n'est pas rare qu'elle apparaisse dans les termes mêmes de la demande; il faut donc que ces termes soient nettement fixés et non pas abandonnés à la mémoire du Président. Quelle que

---

1. « Tout Député qui veut faire des interpellations en remet la demande écrite au Président. — Cette demande explique sommairement l'objet des interpellations; le Président en donne lecture à la Chambre. » (Régl. de la Ch., art. 39, §§ 1 et 2.)

fût la fidélité de cette mémoire, on n'éviterait pas de fréquentes contestations de textes, les auteurs d'interpellations étant amenés par les nécessités de la politique à modifier souvent leur rédaction. C'est ainsi également que les demandes d'interpellations sont plusieurs fois déposées et reprises au cours des négociations que l'on ne manque guère d'entamer avec le Gouvernement. Pour que le Président, qui est retenu au fauteuil et à qui peuvent échapper les mesures concertées hors de la salle, ne soit pas exposé à communiquer une interpellation qui n'existerait plus ou qui aurait été modifiée, il est essentiel qu'il soit dépositaire d'une pièce manuscrite. Tant que cette pièce demeure entre ses mains, il est valablement saisi, et il avertit la Chambre dès qu'il le juge convenable.

Le règlement qui lui confie le soin de lire à la Chambre les demandes d'interpellations le laisse libre de choisir l'heure à laquelle cette communication peut être faite sans inconvénients pour la bonne marche des travaux. S'il est saisi au commencement on à la fin d'une séance, il ne met aucun délai entre le dépôt qui lui a été confié et la lecture qui doit être faite à la Chambre. Mais, s'il est saisi au cours d'un débat, il a généralement coutume d'attendre que le débat soit fini. Il est autorisé à agir ainsi parce que le règlement lui donne mandat de faire respecter les décisions de la Chambre, et que l'ordre du jour arrêté par la Chambre, entamé par elle, ne peut plus être modifié sans sa volonté expresse.

Cette volonté, d'ailleurs, est bien vite intelligible pour le Président. Lorsqu'une interpellation lui a été remise au cours d'un débat et que de bruyantes conversations prouvent que la Chambre cesse d'être attentive aux matières qui se traitent, le Président n'hésite guère à lui demander si elle veut suspendre la délibération engagée pour être immédiatement saisie de l'interpellation. Bien entendu, cette question ne peut être adressée à la Chambre tant que l'orateur, dont le discours est commencé, occupe la tribune. Le règlement ne souffre aucune exception à ce principe qu'un orateur ne peut jamais être interrompu. Le consentement de l'orateur ferait seul tomber cette prohibition. Il arrive en effet que des orateurs qui sentent fuir l'attention de l'Assemblée par suite de graves préoccupations politiques, demandent eux-mêmes à remettre la suite de leurs développements.

Lorsqu'est venu le moment de communiquer une interpellation à la Chambre, le Président ne peut donner la parole à personne avant d'avoir lu lui-même le texte de la demande d'interpellation et d'avoir interrogé le Gouvernement sur la date qui est à sa convenance pour le débat[1]. La réponse du Gouvernement ne lie point l'Assemblée. Les

1. « La Chambre, après avoir entendu un des membres du Gouvernement, fixe, sans débats sur le fond, lo jour où l'interpellation sera faite. » (Règl. de la Ch., art. 40, § 1er.)

auteurs de l'interpellation ont le droit d'indiquer à leur tour la date qu'ils désirent, et, s'il y a deux dates contradictoires, un débat peut s'engager sur ce point, mais sur ce point seulement. Le Président serait obligé d'arrêter les membres dont les développements empiéteraient sur le fond du débat. Quoique le règlement soit fort net à cet égard, il n'est pas toujours facile à appliquer. On comprend que parfois les orateurs s'excusent de toucher au fond du débat, en alléguant la nécessité d'exposer le but de l'interpellation pour faire sentir l'urgence de la discuter. En outre, c'est parfois le Gouvernement qui, dans son ardeur à combattre une date, donne des explications détaillées à la suite desquelles le droit de réponse est moralement ouvert. Aussi l'on a vu des auteurs d'interpellations renoncer à leurs demandes après le débat préjudiciel sur la date et déclarer que ce débat préjudiciel leur avait suffi pour exposer à la Chambre tout ce qu'ils avaient à dire.

En ce cas, il n'y a point de sanction ni de vote. Autrement, le jour du débat arrivé, l'opinion de la Chambre peut se traduire librement dans des formules que l'on appelle ordres du jour motivés et qui constituent des jugements généraux, des déclarations de principes n'ayant aucun caractère législatif. Comme tous les textes sur lesquels la Chambre est appelée à voter, les ordres du jour motivés doivent être rédigés par écrit et déposés entre les mains du Président[1]. Le Président n'en donne point connaissance à la Chambre dès qu'il les reçoit, mais seulement lorsque la discussion d'ensemble est close.

Les interpellations se discutent en effet à peu près dans la même forme que les projets de loi, bien que le règlement soit muet sur ce point. Le développement que l'auteur

---

1. « Aucun ordre du jour motivé sur les interpellations ne peut être présenté, s'il n'est rédigé par écrit et déposé sur le bureau du Président. » (*Règl. de la Ch.*, art. 41.)

d'une interpellation doit fournir tout d'abord,
les réponses qui sont faites, soit par le Gouvernement, soit par les orateurs inscrits, constituent une sorte de discussion générale qui
ne peut être close que par décision de l'Assemblée et après laquelle on a encore le droit
d'examiner séparément les divers ordres du
jour motivés, comme s'il s'agissait d'amendements.

Seulement il n'y a pas ici de question
principale, puisqu'il n'y a ni texte primitif
ni travail de commission. En conséquence,
la Chambre statue souverainement sur les
demandes de priorité, sans être astreinte à
aucune règle, sauf dans le cas où l'ordre du
jour pur et simple aurait été demandé.

L'ordre du jour pur et simple a nécessairement la priorité[1]. S'il se produit une de-

---

1. « L'ordre du jour pur et simple, s'il est demandé,
a toujours la priorité. » (*Régl. de la Ch.*, art. 42.) — « Si
l'ordre du jour pur et simple n'est pas adopté et si le renvoi
aux bureaux n'est pas ordonné conformément aux articles ci-après, le Président soumet les ordres du jour

mande d'ordre du jour pur et simple, cela ne dispense pas le Président de communiquer à la Chambre les ordres du jour motivés qui lui ont été remis. La connaissance de leur rédaction peut être en effet un élément de décision pour adopter ou pour repousser l'ordre du jour pur et simple. Mais, tant que celui-ci n'a pas été écarté par la Chambre, il est impossible de discuter l'un quelconque des ordres du jour motivés. On peut seulement avoir la parole pour combattre l'ordre du jour pur et simple ; à la vérité, on en profite souvent pour exposer le but et faire valoir le mérite de l'ordre du jour motivé que l'on préfère. Mais, si l'on donnait trop de développement à cette partie de l'argumentation, on serait exposé au rappel à la question.

Une fois l'ordre du jour pur et simple voté, tout est fini. Son adoption signifie que la Chambre ne juge pas nécessaire de résu-

motivés au vote de la Chambre. Il est statué par la Chambre sur les questions de priorité. » (*Ibid.*, art. 43.)

mer par une déclaration les conséquences qu'elle tire des développements de l'interpellation. La portée de l'ordre du jour pur et simple n'en est pas moins fort grande au point de vue de la situation des cabinets; mais elle est toute de circonstance. Elle varie, pour ainsi dire, avec chaque interpellation. Tantôt l'ordre du jour pur et simple implique l'approbation de la conduite du Gouvernement, tantôt il signifie que la Chambre, sans approuver complètement les actes qui lui ont été dénoncés, ne veut pas en faire l'objet d'un désaccord exprimé publiquement. Le vote de l'ordre du jour pur et simple peut assurément indiquer un refus de confiance absolu, mais cela est fort rare; lorsqu'un tel désaccord éclate entre la Chambre et le Gouvernement, on repousse l'ordre du jour pur et simple afin d'arrêter une formule d'ordre du jour motivé qui fasse comprendre au pays les causes de la crise.

S'il a été présenté plusieurs ordres du jour motivés, la première question qui se pose est celle de la priorité à établir entre eux. Généralement, le Président les annonce dans l'ordre où ils lui ont été remis. Mais l'heure du dépôt ne constitue aucun privilège pour la priorité. Tout au plus l'ordre du jour qui a été déposé avec une demande de priorité pourrait-il être considéré comme devant être soumis le premier, non point au vote définitif, mais au vote préjudiciel de classement. Encore n'est-ce pas 'à un moyen sûr d'éviter les contestations, car presque tous les membres qui rédigent un ordre du jour l'apportent avec le désir de le voir sonmis à la Chambre avant les autres, et, même lorsqu'ils ne se sont pas exprimés sur ce point, ils réclament si on les considère comme désintéressés dans la lutte pour la priorité. D'autre part, il est arrivé parfois à la Chambre de donner intentionnellement la priorité à un ordre du jour pour le rejeter au fond et obliger ses partisans à se compter. Par conséquent, il n'est guère possible de dire qu'il y ait des règles précises lorsqu'une concurrence se produit entre plusieurs demandes de priorité. Généralement, les Présidents échappent à ces sortes de conflits qui amènent beaucoup de confusion et de désordre en mettant aux voix la première demande de priorité qui se produit publiquement après la fin de la lecture des divers ordres du jour motivés. Si cette méthode ne peut fonctionner, soit parce que de tous les bancs surgissent à la fois plusieurs demandes de priorité, soit parce que l'agitation de la salle empêche d'assigner un rang aux diverses demandes, il faut que la Chambre se resigne à émettre une longue série de votes préjudiciels, car alors, pour l'amener à dire par où elle veut commencer, le Président n'a plus guère d'autre moyen que de reprendre chronologiquement chacun des ordres du jour déposés et de les soumettre à l'épreuve du vote sur la priorité.

Cependant, si la Chambre éprouvait de sérieux embarras à se prononcer, soit sur la priorité, soit sur le fond, elle aurait le droit, aux termes du règlement, de renvoyer tous les ordres du jour à l'examen des bureaux, qui nommeraient une commission[1]. C'est une procédure qui n'est presque jamais employée, parce que les interpellations affectent un caractère politique, et que les Chambres ont hâte de vider les questions qu'elles soulèvent[2].

1. « Si l'ordre du jour pur et simple est écarté, la Chambre peut, sur la demande d'un de ses membres, décider qu'elle renverra dans les bureaux l'examen des ordres du jour motivés. — En cas de renvoi dans les bureaux, la Chambre, sur le rapport d'une commission, statue comme en matière d'urgence. » (*Règl. de la Ch.*, art. 44.) — « Si la résolution de la commission est rejetée, il est statué sur les ordres du jour motivés, suivant le rang fixé par la Chambre. » (*Ibid.*, art. 45.)

2. Cependant on ne saurait oublier que l'article qui autorise le renvoi des ordres du jour motivés à l'examen des bureaux répond à une préoccupation qui s'est fait jour dans plusieurs esprits et qui a même été traduite en proposition : à savoir qu'il y aurait avantage à ne pas voter immédiatement sur les ordres du jour de nature à provoquer une crise ministérielle.

La procédure des questions est tout à fait simple. Le règlement ne prévoit qu'une demande, une réponse et une courte réplique du membre qui a interrogé le ministère. Dans l'intérêt de la Chambre, les Présidents tiennent toujours énergiquement la main à ce que les questions n'empiètent pas sur les interpellations et ne sortent pas du cadre très étroit qui leur est tracé. Aussi est-ce une difficulté réelle, en pareil cas, lorsqu'un ministre demande la parole après que l'auteur de la question a fait sa réplique. Strictement, on ne peut jamais refuser la parole à un ministre ; mais donner la parole à un Ministre en cette circonstance, c'est ouvrir un droit de réponse aussi respectable que le privilège dont jouissent les membres du Gouvernement [1]. La question devient alors une inter-

---

1. « Les Ministres ont leur entrée dans les deux Chambres et doivent être entendus quand ils le demandent. » (Loi const. du 16 juillet 1875, art. 6, § 2.) — « Les Ministres ..... ne sont point assujettis au tour d'inscription et obtiennent la parole quand ils la réclament. Un

pellation véritable qui arrête les travaux de la Chambre sans que la Chambre ait été préalablement consultée et en ait autorisé le débat immédiat. Dans la pratique, une observation du Président suffit pour que les Ministres renoncent, en pareil cas, à réclamer la parole, ou bien, s'ils croient devoir insister, ils chargent un membre de déposer une demande tendant à ce que la question soit transformée en interpellation. On revient alors à la procédure normale qui a été exposée plus haut.

§ 12. — *De la procédure appliquée à la discipline.*

Malgré les articles très précis, plusieurs fois amendés et complétés, par lesquels le règlement a prévu les causes de trouble ou de

Député peut toujours obtenir la parole après un orateur du Gouvernement. » (*Règl. de la Ch.*, art. 103, §§ 2 et 3.)

à la Chambre elle-même, le temps de recevoir des explications qui peuvent réduire tout le mal à un peu de bruit.

Il y a certainement des cas où il devient nécessaire d'agir vite pour empêcher un léger désordre de dégénérer en tumulte. Mais alors, bien que l'initiative des peines disciplinaires appartienne au Président seul, c'est la Chambre qui prend, dans une certaine mesure, la responsabilité d'un prompt réveil du règlement. Les bancs auraient beau rester silencieux, il se produit un léger frémissement qui avertit le Président que l'heure des tolérances est passée. Même alors, le Président commence presque toujours par inviter le membre qui a troublé l'ordre à s'expliquer. Sans doute, il n'est pas tenu de le faire, et, notamment en matière de rappel à l'ordre, le règlement n'autorise les explications qu'après la peine prononcée et acceptée[1] ; mais

1. « Le Président seul rappelle à l'ordre. La parole

si le Président prévoit, d'après le caractère
du membre menacé d'un rappel à l'ordre,
ou d'après la situation du débat, qu'il obtien-
dra facilement une rétractation de nature à
satisfaire l'Assemblée, il n'hésite pas à inter-
vertir les formes de procédure établies par
le règlement, et la Chambre lui sait toujours
gré de réduire ainsi à leur minimum d'in-
tensité des incidents pénibles.

Dans les circonstances où le règlement
établit des pénalités fort graves, comportant
des mesures matérielles et des conséquences
extérieures[1], les Présidents ont une raison de

est accordée à l'orateur qui, rappelé à l'ordre, se soumet
à l'autorité du Président et demande à se justifier. —
Tout Député qui, n'étant pas autorisé à parler, s'est fait
rappeler à l'ordre, n'obtient la parole pour se justifier
qu'à la fin de la séance, à moins que le Président n'en
décide autrement. » (*Règl. de la Ch.*, art. 121, §§ 1 et 2.)

1. « La censure avec exclusion temporaire entraîne
l'interdiction de prendre part aux travaux de la Chambre et de reparaître dans le palais législatif jusqu'à l'expiration du jour de la quinzième séance qui suivra celle
où la mesure aura été prononcée. » (*Règl. de la Ch.*,
art. 125, § 1er.) — « Si le Député reparaît dans le palais
législatif avant l'expiration du délai d'exclusion, il est

plus pour agir avec modération. Ce n'est plus eux qui prononcent la pénalité; ils ont simplement le devoir de la proposer lorsqu'elle leur paraît motivée [1]. Ils sont autorisés ainsi à ne pas prendre l'initiative d'une mesure qui ne serait pas manifestement d'accord avec l'émotion de l'Assemblée.

Ici du reste le règlement trace, pour la défense, une procédure différente de celle qui existe pour le rappel à l'ordre. Le Député menacé de censure doit être entendu avant

arrêté par l'ordre des Questeurs, conduit dans un local préparé à cet effet et y est retenu pendant un temps qui ne peut excéder trois jours. » (*Ibid.*, art. 126. § 1er.) — « La censure simple emporte de droit la privation pendant un mois de moitié de l'indemnité allouée au Député. La censure avec exclusion temporaire emporte de droit la privation de moitié de l'indemnité pendant deux mois. L'une et l'autre mesure entraînent, en outre, l'impression et l'affichage à 200 exemplaires, aux frais du Député, de l'extrait du procès-verbal mentionnant la censure. » (*Ibid.*, art. 128.)

1. « La censure simple et la censure avec exclusion temporaire sont prononcées par la Chambre, sans débats et par assis et levé, sur la proposition du Président. » (*Règl. de la Ch.*, art. 127, § 1er.)

toute décision[1] ; le règlement a voulu ainsi
épargner le plus possible aux Assemblées des
votes fort pénibles à rendre, et les Présidents
développent la pensée du règlement en usant
de leur autorité morale pour amener le
retrait des paroles qui les ont obligés à proposer la censure.

La même prudence est observée lorsque
ce n'est plus un membre isolé, mais une
fraction de la Chambre, parfois la Chambre
tout entière, qui provoque le désordre et le
tumulte. Bien que le règlement donne aux
Présidents pleins pouvoirs pour suspendre
une séance, pour la lever, pour échapper
ainsi aux fatigues de la lutte contre des passions déchaînées, il est rare qu'ils en usent[2].

1. « Le député contre qui l'une ou l'autre de ces
peines disciplinaires est demandée a toujours le droit
d'être entendu ou de faire entendre en son nom un de
ses collègues. » (Règl. de la Ch., art. 127, § 2.)
2. « Si la Chambre devient tumultueuse, et si le Président ne peut la calmer, il se couvre. Si le trouble
continue, il annonce qu'il va suspendre la séance. Si le

Ils estiment que la dignité de la Chambre comme leur propre autorité sont intéressées à ce qu'il n'éclate pas une constatation publique de désordre. Ils ne se couvrent et ne quittent le fauteuil que lorsque leurs forces physiques sont matériellement épuisées. Ils interprètent le règlement en ce sens que, s'il a établi, pour les cas de tumulte prolongé, une série de mesures préalables, c'est qu'il a voulu rendre à peu près impossibles les séances levées violemment.

Terminer sur de tels exemples, c'est résumer, croyons-nous, l'esprit de la procédure parlementaire qui n'apparaît pas, dans la pratique, comme une application farouche et mesquine des textes du règlement, mais

calme ne se rétablit pas, il suspend la séance pour une heure et les députés se retirent dans leurs bureaux respectifs. L'heure étant expirée, la séance est reprise; mais, si le tumulte renaît, le Président lève la séance et la renvoie au lendemain. » (*Régl. de la Ch.*, art. 109.)

comme la recherche patiente, sincère, des moyens de concilier l'ordre qui doit régner dans les délibérations d'une Assemblée avec l'indépendance qui doit appartenir aux représentants du pays.

FIN

TABLE DES MATIÈRES

Paris. - Maison Quantin, 7, rue St-Benoît.

CPSIA information can be obtained
at www.ICGtesting.com
Printed in the USA
BVHW05s1345030818
523477BV00021B/739/P

9 780265 104637